O PLANO DE MARKETING DE 1 PÁGINA

O PLANO DE MARKETING DE 1 PÁGINA

CONQUISTE CLIENTES, GANHE DINHEIRO E FAÇA A DIFERENÇA

ALLAN DIB

Tradução de
André Fontenelle

Copyright © 2018 by Sucesswise
Este livro foi publicado mediante acordo com The Foreign Office e Transatlantic Literary Agency Inc.

TÍTULO ORIGINAL
The 1 Page Marketing Plan

PREPARAÇÃO
Leandro Kovacs

REVISÃO
Midori Faria
Roberto Jannarelli

DIAGRAMAÇÃO
Tanara Vieira

CIP-BRASIL. CATALOGAÇÃO NA PUBLICAÇÃO
SINDICATO NACIONAL DOS EDITORES DE LIVROS, RJ

D539p

Dib, Allan
  O plano de marketing de 1 página : conquiste clientes, ganhe dinheiro e faça a diferença / Allan Dib ; [tradução André Fontenelle]. - 1. ed. - Rio de Janeiro : Intrínseca, 2024.
  240 p. ; 21 cm.

  Tradução de: The 1 page marketing plan
  ISBN 978-85-510-0902-4

  1. Marketing - Planejamento. I. Fontenelle, André. II. Título.

23-86585   CDD: 658.802
                            CDU: 658.8

Gabriela Faray Ferreira Lopes - Bibliotecária - CRB-7/6643

[2024]

Todos os direitos desta edição reservados à
EDITORA INTRÍNSECA LTDA.
Av. das Américas, 500, bloco 12, sala 303
22640-904 — Barra da Tijuca
Rio de Janeiro — RJ
Tel./Fax: (21) 3206-7400
www.intrinseca.com.br

1ª edição
JANEIRO DE 2024
impressão
SANTA MARTA
papel de miolo
PÓLEN BOLD 70G/M²
papel de capa
CARTÃO SUPREMO ALTA ALVURA 250G/M²
tipografia
ADOBE GARAMOND PRO

Sumário

Agradecimentos 7
Introdução 11

Primeiro ato: O Antes 37
CAPÍTULO 1: Como selecionar seu público-alvo 39
CAPITULO 2: Como elaborar sua mensagem 51
CAPÍTULO 3: Como atingir os prospectos com
 mídia publicitária 87

Segundo Ato: O Durante 109
CAPÍTULO 4: Como capturar *leads* 111
CAPÍTULO 5: Como fomentar *leads* 119
CAPÍTULO 6: Como converter vendas 141

Terceiro ato: O Depois 165
CAPÍTULO 7: Como entregar uma experiência de padrão
 internacional 167
CAPÍTULO 8: Como aumentar o valor de tempo
 de vida do cliente 193
CAPÍTULO 9: Como induzir e estimular indicações 215

Conclusão 231

Agradecimentos

*"Se enxerguei mais longe que outros,
é porque subi nos ombros de gigantes."*
ISAAC NEWTON

Quisera eu poder dizer que todas as ideias deste livro foram invenções minhas e que sou alguma espécie de gênio do marketing e dos negócios. A realidade é que, embora eu seja um colecionador de ideias elegantes, raramente invento alguma coisa, e, quando o faço, raramente vale a pena escrever algo a respeito.

Um dos meus primeiros mentores no mundo dos negócios, Mal Emery, costumava dizer: "Nunca tive nenhuma ideia original na vida — é perigoso pra caramba." No entanto, ele foi e continua a ser um profissional de marketing e empresário extremamente bem-sucedido. O segredo do seu sucesso — e, por tabela, do meu — foi apenas seguir o modelo daquilo que sabidamente funciona bem, em vez de tentar reinventar a roda.

Reinventar a roda exige que você seja genial, e, mesmo que seja, ainda existe uma alta probabilidade de fracasso. Não sou gênio e odeio fracassar, por isso prefiro copiar minuciosamente o que tornou outras pessoas bem-sucedidas — pelo menos até eu adquirir um bom domínio do básico. Isso desequilibra as chances em meu favor e me dá uma alta probabilidade de sucesso.

Embora tenha sido eu o criador do sistema que se tornou o Plano de Marketing de 1 Página (PM1P), muitos dos conceitos de marketing de resposta direta responsáveis pelo seu êxito são invenções e ideias de outros grandes líderes empresariais e profissionais de marketing.

Talvez seja um autoelogio, mas o aforismo "Bons artistas copiam; grandes artistas roubam", repetido por Steve Jobs e atribuído a Pablo Picasso, certamente é uma filosofia que tive em mente enquanto colecionava ideias elegantes ao longo dos anos — e enquanto escrevia este livro. Quer você me considere um "grande artista" ou um ladrão, desejo que você tire proveito da riqueza de ideias comprovadas para a criação de empresas, a seguir.

Com certeza há espaço para a criatividade e a invenção, mas, em minha opinião, isso só deve vir depois que se domina o básico. Este livro contém boa parte desse básico. Parte vem de minha própria experiência, mas a maior parte vem de gente que foi "gigante" como empresário e em cujos ombros subi. Sem uma ordem específica, gostaria de agradecer a:

- Mal Emery
- Dean Jackson
- Joe Polish
- Pete Godfrey
- Dan Kennedy
- James Schramko
- Jim Rohn
- Frank Kern
- Seth Godin

Alguns deles foram meus mentores pessoais, outros foram mentores por intermédio de publicações e outras obras que produziram. Ao longo deste livro, procurei dar-lhes crédito sempre que, na medida do meu conhecimento, a ideia que estou apresentando partiu de um deles. Porém, estou certo de que deixei de fora outras pessoas ou não reconheci suficientemente as ideias das pessoas citadas acima. Quando você passa vários anos colecionando ideias, às vezes a memória se confunde ao tentar lembrar a origem de uma delas. Peço desculpas antecipadamente por isso.

O Plano de Marketing de 1 Página é revolucionário na implementação, mais que um novo conceito ou uma inovação de marketing. É, de longe, a forma mais fácil de uma pequena empresa passar da ignorância total em relação ao marketing para a implementação de um sofisticado plano de marketing de resposta direta. Esse plano, literalmente, resume-se a uma única página.

Aproveite bem as ideias deste livro. Mais importante: implemente-as na sua empresa. Lembre-se: saber e não fazer é o mesmo que não saber.

Importante:

Este livro foi pensado para ser interativo. Por isso, ao longo da leitura você encontrará avisos que o levarão a uma seção especial com outros recursos, no site *The 1-Page Marketing Plan* (em inglês).

Esses recursos estão disponíveis exclusivamente para os leitores deste livro, tendo sido projetados para acompanhá-lo. Entre eles, estão a "prancheta" do Plano de Marketing de 1 Página e exemplos, assim como links, vídeos e artigos citados aqui.

Acesse esses recursos em 1pmp.com

Introdução

Do que estamos falando?

Se eu tivesse que resumir a essência deste livro em uma página, diria: "O caminho mais rápido para o dinheiro." Propositalmente, coloquei isto no começo, porque não quero que você perca tempo.

Esta frase inicial com certeza será incômoda para muita gente, e francamente até prefiro que essas pessoas leiam livros de negócios de outro autor, aqueles cheios de clichês como "siga sua paixão", "trabalhe duro" e "recrute as pessoas certas". Blá-blá-blá.

Se é isso que você procura, então dê uma busca na Amazon. Haverá um zilhão de livros de negócios para você, com todos esses conceitos lindos e maravilhosos e muito mais, em geral escritos por autores profissionais e pesquisadores que nunca montaram de fato uma empresa de crescimento rápido.

Este livro aqui fala descarada e desavergonhadamente sobre como fazer sua empresa crescer de forma rápida e colher os benefícios desse tipo de sucesso.

Ficar sem oxigênio é ruim de verdade

Como diz a famosa frase de Zig Ziglar: "Dinheiro não é tudo... mas fica ali bem perto do oxigênio."

Pois é, nada — NADA — mata uma empresa com mais velocidade do que a falta de "oxigênio" (também conhecido como dinheiro).

Por que meu foco está tão desavergonhadamente em ganhar dinheiro? Por algumas boas razões.

Em primeiro lugar, quase não existem problemas em uma empresa que não possam ser resolvidos com mais capital. Solucionar a questão do dinheiro é prático, então, porque quase toda empresa que eu conheço é cheia de problemas. Dinheiro ajuda a resolver a esmagadora maioria das pedras no sapato dos empresários.

Em segundo lugar, quem pode prover de si mesmo tem a oportunidade de ajudar os outros.

Se você não virou empresário porque queria ganhar dinheiro, ou está mentindo ou não tem uma empresa, e sim um hobby. E eu estou ciente, sim, de todo esse papo de entregar valor, transformar o mundo etc., mas como você vai conseguir fazer isso sem um tostão? Quantas pessoas vai ajudar se não tiver dinheiro?

Quando você entra em um avião e passa por todos aqueles procedimentos de segurança, inevitavelmente chegará o momento em que a comissária de bordo dirá algo mais ou menos assim:

> *Em caso de despressurização, máscaras de oxigênio cairão automaticamente. Coloque-a sobre o nariz e a boca e puxe o elástico para ajustá-la. Caso esteja viajando com crianças ou alguém que necessite de assistência,* **coloque sua máscara primeiro, antes de ajudar outras pessoas.**

Por que você precisa apertar sua própria máscara antes de ajudar os outros? Simples: se você estiver desmaiado em seu assento por falta de oxigênio:

1. Você não terá como ajudar mais ninguém, e até pior;
2. Será preciso mobilizar recursos escassos para ajudar você porque, do contrário, em breve você estará morto.

Como saber o que fazer

Em seu livro intitulado *The Book of Survival* ("O livro da sobrevivência"), Anthony Greenbank escreveu:

> *Para transpor uma situação impossível, você não precisa ter os reflexos de um piloto de Fórmula 1, os músculos de um Hércules ou a mente de um Einstein. Basta saber o que fazer.*

As estatísticas variam quanto ao percentual de empresas que quebram nos primeiros cinco anos. Algumas estimativas chegam a situar esse número em 90%. Seja como for, nunca vi essa estatística sendo citada como menos que 50%. Isso significa que, se formos muito otimistas, você tem uma chance de meio a meio de ainda estar de portas abertas depois de cinco anos.

No entanto, eis onde a coisa fica bem pior: as estatísticas levam em conta apenas as empresas que encerram 100% das operações, sem contabilizar aquelas que atingem um platô bastante baixo e vão aos poucos matando seus donos ou tornando a vida deles uma merda.

Já parou para pensar por que a maioria das empresas estanca em um patamar medíocre?

Em uma ponta do espectro, temos Pete, o encanador, que trabalha dezesseis horas por dia, inclusive nos finais de semana, e nunca tira férias, e mesmo assim mal ganha o suficiente para manter o nariz fora d'água. Na outra ponta, temos Joe, dono de uma empresa de consertos hidráulicos, com vinte encanadores trabalhando para ele. Aparentemente, essa atividade empresarial privada é responsável por grandes somas de dinheiro que não param de jorrar.

É muito comum que pequenas empresas nunca cresçam além do ponto em que geram apenas lucro o suficiente para o(s) dono(s) ganhar(em) a vida de forma modesta. A impressão é que, por maior que seja o esforço, a tentativa de chegar a outro nível só gera frustração. A essa altura, acontece uma das duas coisas a seguir: ou se perdem as esperanças ou se aceita a fatalidade de que sua empresa nada mais é que um emprego mal remunerado que você mesmo inventou.

A realidade é que muitos empresários talvez estivessem melhor se fossem funcionários no mesmo setor. Provavelmente trabalhariam menos horas, se estressariam menos, teriam mais benefícios e mais tempo livre, em vez de continuar nessa prisão que criaram para si. O lado positivo é que existem alguns que parecem ter tudo isso. Trabalham em horários aceitáveis, têm um fluxo de caixa fantástico e desfrutam de crescimento contínuo.

Os empresários em dificuldades costumam culpar o setor. É verdade que alguns setores estão em declínio — livrarias e bancas de jornal, por exemplo. Caso você pertença a um desses setores mortos ou moribundos, talvez seja hora de cortar o mal pela raiz e mudar de ramo, em vez de permanecer nessa tortura financeira até a morte. Isto pode ser particularmente complicado quando você está há muito tempo no mesmo ramo.

Porém, na maioria dos casos, culpar o setor nada mais é do que se vitimizar. Algumas das queixas setoriais que mais ouço são:

- É competitivo demais.
- A margem é muito pequena.
- Os descontos das lojas on-line estão roubando meus clientes.
- A publicidade não funciona mais.

No entanto, é raro que a culpa seja de fato do setor; afinal, tem gente que está indo muito bem. A pergunta óbvia, então, é: o que essas pessoas estão fazendo de diferente?

Muitos pequenos empresários caem na armadilha descrita no clássico livro de Michael Gerber, *O mito do empreendedor*. É a seguinte: você é um técnico — por exemplo, encanador, cabeleireiro, dentista etc. — muito bom naquilo que faz. Até que, um belo dia, se vê acometido daquilo que Gerber batizou de "surto empreendedor" e começa a pensar com seus botões: "Por que eu continuo trabalhando para o idiota do meu chefe? Eu sou bom no que faço — vou abrir meu próprio negócio."

Esse é UM dos maiores erros cometidos por quase todo pequeno empresário: deixar de trabalhar para um chefe idiota para **virar** um chefe idiota! Eis o xis da questão: não é só porque você é tecnicamente bom naquilo que faz que você é bom em **administrar um negócio** daquilo que faz.

Portanto, voltando para o nosso exemplo, um bom encanador não necessariamente é a melhor pessoa para tocar uma empresa de serviços de encanamento. É de vital importância fazer essa distinção: esse é um dos principais motivos que levam a maioria das empresas a quebrar. Um empresário pode ter competências técnicas excepcionais, mas é a falta da competência em gestão empresarial que leva sua empresa para o buraco.

Não digo isso para dissuadir ninguém de abrir o próprio negócio. Porém, é preciso, sobretudo, estar determinado a se tornar um bom administrador, e não apenas um bom técnico. Empresas podem ser veículos incríveis para alcançar independência financeira e realização pessoal, porém somente para aqueles que estão cientes dessa distinção crucial e entendem o que é preciso fazer para administrar uma empresa de sucesso.

Se você é bom na parte técnica da sua função, mas sente que poderia ter um pouco de ajuda na administração, então você está no lugar certo, na hora certa. A intenção deste livro é levá-lo da confusão à clareza — a fim de que você saiba exatamente o que fazer para alcançar o sucesso nos negócios.

Os profissionais planejam

Quando eu era criança, meu programa de TV favorito era a série *Esquadrão Classe A*. Caso você nunca tenha assistido, vou fazer um resumo básico do roteiro de 99% dos episódios.

1. Vilões assediam e ameaçam uma pessoa ou um grupo inocente.
2. Pessoa ou grupo inocente implora ajuda ao Esquadrão Classe A.
3. O Esquadrão Classe A (um monte de ex-combatentes) enfrenta, humilha e bota os vilões para correr.

Os episódios costumavam terminar com Hannibal (o cérebro do Esquadrão Classe A) mordendo seu charuto e resmungando em triunfo: "Adoro quando um plano dá certo!"

Dê uma olhada em qualquer profissão de alta responsabilidade, e você verá um plano bem pensado sendo executado. **Profissionais de verdade nunca agem no improviso.**

- Médicos seguem um plano de tratamento.
- Pilotos de avião seguem um plano de voo.
- Soldados seguem um plano de operações táticas.

Como você se sentiria contratando algum dos serviços citados e o profissional dissesse: "Dane-se o plano. Vou no improviso." Pois é, é exatamente isso que a maioria dos donos de empresa faz.

Invariavelmente, quando alguém estraga alguma coisa, uma análise posterior revela a ausência de um plano. Não deixe esse alguém ser você e sua empresa. Embora ninguém possa assegurar o seu sucesso, ter um plano aumenta drasticamente sua probabilidade de êxito.

Assim como você não gostaria de embarcar em um avião cujo piloto não tenha um plano de voo, você não gostaria que seu sustento e o da sua família dependessem de um negócio que não tem um plano de negócios. Quase sempre o preço a pagar por isso é bem alto. Casamentos, parcerias, empregos e tantas outras coisas são, muitas vezes, vítimas de negócios fracassados.

Há mais do que seu ego em jogo. Por isso, é hora de "virar profissional" e criar um plano.

O tipo de plano errado

Quando eu estava começando meu primeiro negócio, tive o discernimento de perceber que um plano de negócios seria importante se eu quisesse ter sucesso. Só que, infelizmente, meu discernimento parou por aí.

Com a ajuda de um consultor de negócios (que, na verdade, nunca tinha gerenciado um negócio de sucesso próprio), acabei muitos milhares de dólares mais pobre, mas com um documento com o qual a maioria dos donos de empresa sequer se importa: **um plano de negócios**.

Esse plano de negócios tinha muitas centenas de páginas. Continha gráficos, tabelas, projeções e muito, muito mais. Era um documento com uma aparência impressionante, mas, em essência, um amontoado de bobagens.

Assim que recebi, joguei dentro da primeira gaveta da escrivaninha e nunca mais pensei nele, até o dia em que mudamos de sede precisei dar uma esvaziada nas gavetas.

Tirei a poeira dele, dei uma folheada e joguei no lixo, com raiva de mim mesmo por ter gastado dinheiro com aquele consultor de araque.

No entanto, tempos depois, pensando com mais calma, percebi que, embora o documento em si fosse uma grande besteira, o processo pelo qual passei com o consultor teve valor, posto que ele esclareceu algumas das questões-chave do meu negócio, principalmente um ponto crucial chamado "o plano de marketing".

Na verdade, grande parte do que fizemos para criar o plano de marketing foi o que deu forma ao negócio e possibilitou, em grande parte, o sucesso que obtivemos.

Falaremos mais disto em breve, mas, por ora, permita-me apresentar um homem e seu conceito, que será a chave do *seu* sucesso nos negócios.

Meu amigo Vilfredo Pareto e a Regra do 80/20

Não tive a honra de conhecer Vilfredo Pareto, ainda mais porque ele morreu mais de meio século antes do meu nascimento, mas tenho certeza de que teríamos sido grandes amigos.

Economista, Pareto percebeu que 80% das terras de sua Itália natal pertenciam a 20% da população. Surgia aí o Princípio de Pareto, mais conhecido como a Regra do 80/20.

Acontece que a Regra do 80/20 se aplica a mais do que a simples posse de terras na Itália. Ela vale para quase tudo que é importante no mundo. Eis alguns exemplos:

- 80% dos lucros das empresas vêm de 20% dos clientes.
- 80% dos acidentes de trânsito são causados por 20% dos motoristas.
- 80% do uso de software é obra de 20% dos usuários.
- 80% das queixas sobre as empresas vêm de 20% dos clientes.
- 80% da riqueza é detida por 20% das pessoas.
- Woody Allen notou que aparecer já é 80% do sucesso.

Em outras palavras, **o Princípio de Pareto prevê que 80% dos efeitos vêm de 20% das causas.**

Talvez seja só meu lado preguiçoso falando, mas isso me deixa muito empolgado.

Costuma-se dizer que a necessidade é a mãe da invenção, mas eu diria que é a preguiça, e meu amigo Pareto é meu guia nessa busca.

O que quero dizer, em essência, é que é possível cortar 80% das coisas que você faz, sentar-se no sofá comendo nachos e, mesmo assim, obter a maior parte dos seus resultados.

Caso você não queira ficar 80% do tempo sentado no sofá comendo nachos, fazer mais desses 20% é seu caminho mais rápido para o sucesso. E, neste contexto, sucesso é igual a mais dinheiro e menos trabalho.

A Regra do 64/4

Se você acha que a Regra do 80/20 é empolgante, a Regra do 64/4[1] vai te levar à loucura. Pois saiba que podemos aplicar a Regra do 80/20 à própria regra. Ou seja, pegue 80% dos 80% e 20% dos 20%, e você terá a Regra do 64/4.

Portanto, **64% dos efeitos vêm de 4% das causas**.

Em outras palavras, a maior parte do seu sucesso vem de 4% das suas ações. Ou, em outras palavras, **96% das coisas que você faz são perda de tempo** (comparativamente).

O que mais surpreende é que a Regra do 80/20 e a Regra do 64/4 são válidas com uma precisão incrível. Analisando a distribuição estatística da riqueza no último século, você perceberá que 4% do topo detém cerca de 64% da riqueza e que 20% do topo detém cerca de 80% da riqueza. Isso acontece mesmo na nossa "era da informação". Com isso, poderíamos supor que um século atrás apenas os mais ricos tivessem bom acesso à informação; seria, então, compreensível que detivessem 80% da riqueza. Porém, essa distribuição estatística da riqueza é válida ainda hoje, quando a informação está democratizada e mesmo os mais pobres têm basicamente o mesmo acesso a ela que os mais ricos.

Isso prova que a falta de informação não é a questão que tolhe os 80% inferiores dos donos de empresas, e sim o comportamento e a mentalidade do ser humano, que certamente não mudaram nos últimos cem anos.

O segredo mais bem guardado dos ricos

Observando e trabalhando com inúmeros empresários mundo afora, há uma coisa que diferencia os extremamente bem-sucedidos e ricos daqueles em dificuldades e sem dinheiro.

Os empresários em dificuldades gastam tempo poupando dinheiro, enquanto os bem-sucedidos gastam dinheiro poupando tempo. Por que essa diferença é importante? Simples: você sempre pode ganhar mais dinheiro, mas não tem como ganhar mais tempo.

---

[1] Ouvi falar dessa regra pela primeira vez no evento SuperFastBusiness Live, de James Schramko.

Por isso certifique-se de estar gastando seu tempo com coisas que tenham o máximo impacto.

Isto se chama "alavancagem" e **a alavancagem é o segredo mais bem guardado dos ricos.**

As atividades alavancadas, ou seja, de grande impacto, são responsáveis pelos 20% chaves da Regra dos 80/20 e pelos 4% da Regra do 64/4.

Caso queira amplificar seu sucesso, você precisa começar a prestar atenção e aumentar as ações que proporcionam mais alavancagem.

Existem diversas áreas de uma empresa em que é possível buscar pontos de alavancagem. Você pode, por exemplo, tentar se tornar 50% melhor em sua competência de negociação. O que, por sua vez, pode ajudá-lo a renegociar com os principais fornecedores e obter uma melhoria aritmética em seu preço de compra. Mas, mesmo que isso seja ótimo, no fim das contas, depois de muito tempo e esforço, você só terá melhorado aritmeticamente seu resultado — e eu não chamaria isso de alavancagem maciça. A melhoria que buscamos não é aritmética, é exponencial.

De longe, o maior ponto de alavancagem, em qualquer negócio, é o marketing. Se você melhorar seu marketing em 10%, o efeito sobre os resultados pode ser exponencial.

Willie Sutton foi um ladrão de bancos norte-americano bastante prolífico. Durante seus quarenta anos de crime, Sutton roubou milhões de dólares e acabou passando mais da metade da vida adulta preso — mesmo tendo conseguindo escapar três vezes. O repórter Mitch Ohnstad certa vez perguntou a Sutton por que ele roubava bancos. Segundo Ohnstad, a resposta foi: "Porque é onde o dinheiro está." Quando se trata de negócios, a razão pela qual focamos no marketing é a mesma: é onde o dinheiro está.

Como aplicar a Regra 80/20 e Regra do 64/4 — O seu plano de marketing

Voltemos à minha história sobre o tipo errado de plano de negócios. Embora meu plano tenha se revelado uma coisa inútil e *nonsense* de jargão de marketing, parte de sua execução se mostrou extremamente valiosa: a criação do plano de marketing.

O plano de marketing acabou representando os 20% do processo de planejamento do negócio que produziram os 80% de resultado.

Tendo isso em mente, quando comecei a atuar como coach para pequenos empresários, grande parte do meu foco era fazê-los criar um plano de marketing.

E adivinha só? Pouquíssimos deles chegavam até o fim. Por quê? Porque criar um plano de marketing é um processo complexo, trabalhoso e que a maioria das pessoas não realiza.

Por isso, uma vez mais, a preguiça se torna a mãe da invenção. Eu precisava encontrar um jeito de transformar a essência do processo de planejamento de marketing em algo simples, prático e útil para esses empresários. Nasceu assim o Plano de Marketing de 1 Página.

O Plano de Marketing de 1 Página são os 4% de esforço que geram 64% (ou mais) dos resultados da sua empresa. É a Regra 64/4 aplicada ao plano de negócios. Usando esse processo, podemos sintetizar as centenas de páginas e as milhares de horas de um plano de negócios tradicional em uma única página, que talvez exija, no máximo, meia hora de reflexão e preenchimento.

Ainda mais empolgante é saber que esse documento terá utilidade real em seu negócio. Você vai poder pregá-lo na parede do escritório e consultá-lo e aperfeiçoá-lo ao longo do tempo. Será, acima de tudo, uma referência prática. Nada de jargão ou gírias de gestão. Não é preciso ter um MBA para criá-lo ou compreendê-lo.

O Plano de Marketing de 1 Página é uma quebra de paradigma dentro do marketing. Constatei um aumento significativo do grau de comprometimento dos clientes que eu assessorava. Pequenos empresários que antes não tinham tempo, dinheiro ou conhecimento para criar um plano de marketing tradicional agora têm. E, por isso, esses clientes colheram as enormes vantagens advindas da clareza em relação ao marketing do próprio negócio.

Apresentarei em breve o Plano de Marketing de 1 Página, mas acho que antes seria importante começar pelo começo, sem partir de pressupostos. O termo marketing em si é vago e mal compreendido até mesmo pelos chamados profissionais e experts do setor.

Portanto, vamos atrás de uma definição rápida e simples do que é marketing, de fato.

O que é marketing?

Tem gente que acha que marketing é publicidade, gestão de marca (*branding*) ou algum outro conceito vago. Embora todos estejam associados ao marketing, não são exatamente a mesma coisa.

Eis a definição mais simples e livre de jargão que você encontrará na vida:

Quando o circo chega à cidade, e você pinta um cartaz com os dizeres: "O circo estará na cidade no sábado", isto é **publicidade**.

Quando você coloca o cartaz no dorso de um elefante e desfila com ele pela cidade, isto é **promoção**.

Quando o elefante passa destruindo o canteiro de flores do prefeito e o jornal local publica uma reportagem a respeito, isto é **propaganda**.

E se você conseguir que o prefeito dê risada, isso são **relações públicas**.

Se as pessoas da cidade forem ao circo e você mostrar as várias barraquinhas de atrações, explicar como elas vão se divertir se gastarem dinheiro nelas, responder as perguntas delas e, no final, fazer com que passem bastante tempo no circo, isto são **vendas**.

E se você planejou isso tudo, **isto é marketing.**

Pois é, simples assim: marketing é a **estratégia** usada para que seu público-alvo ideal conheça você, goste de você e confie em você o suficiente para se tornar cliente. Tudo o mais que se costuma associar ao marketing são as **táticas**. Falaremos mais de estratégia versus tática logo, logo.

No entanto, antes disso, é importante entender que uma transformação fundamental aconteceu na última década.

As respostas mudaram

Certa vez, Albert Einstein distribuiu uma prova para sua turma de graduação. Era exatamente a mesma que ele tinha aplicado no ano anterior. Seu assistente, assustado com o que viu e pensando ser consequência do jeito avoado do professor, alertou Einstein:

> "Com licença, senhor", disse o tímido assistente, sem saber ao certo como contar ao grande homem o erro que ele cometera.
> "Pois não?", respondeu Einstein.
> "Hum, há, é sobre o teste que o senhor acabou de distribuir."
> Einstein aguardou pacientemente.
> "Não tenho certeza se o senhor se deu conta, mas é o mesmo teste que o senhor deu no ano passado. Na verdade, é idêntico."
> Einstein fez uma pausa, refletiu por um instante e disse: "É, é o mesmo teste, mas as respostas mudaram."

Assim como as respostas mudam na física à medida que novas descobertas ocorrem, as respostas também mudam nos negócios e no marketing.

Antigamente, pagava-se um caminhão de dinheiro para colocar um anúncio nas Páginas Amarelas e, pronto, o marketing do ano estava feito. Hoje, temos o Google, as redes sociais, os blogs, os sites e uma infinidade de outras possibilidades a considerar.

A internet abriu as portas para um mundo inteiro de concorrentes. Enquanto antes eles ficavam do outro lado da rua, agora eles podem estar do outro lado do mundo.

Em razão disso, muita gente que tenta promover um negócio se sente paralisada pela "síndrome do objeto que brilha". É aí que qualquer tática de marketing "do momento", como SEO, vídeos, podcasts, publicidade *pay-per-click* etc., pega você. Perdido diante de tantas ferramentas e táticas, o resultado é não compreender o panorama do que realmente se está tentando fazer e por quê.

Permita-me mostrar por que isso pode ser fonte de grande sofrimento.

Estratégia versus tática

Entender a diferença entre estratégia e tática é absolutamente crucial para o sucesso no marketing.

A estratégia é o planejamento mais amplo, que se faz antes da tática. Imagine que você comprou um terreno vazio e quer construir uma casa. Você encomenda uma pilha de tijolos e começa a erguer as paredes? É claro que não. Você acabaria fazendo uma bagunça e, ainda por cima, sem segurança alguma.

O que fazer, então? Bem, o primeiro passo é contratar um arquiteto e um empreiteiro, que planejarão a coisa toda, desde as partes mais importantes, como a obtenção do alvará de construção, até os detalhes, como o tipo de torneira que você gosta. Tudo isso é planejado antes que a primeira pá de terra seja retirada. **Isso se chama estratégia.**

Aí, com a estratégia pronta, você saberá de quantos tijolos precisa, onde fazer a fundação da casa e que tipo de telhado terá. Agora, pode contratar pedreiro, carpinteiro, encanador, eletricista, e assim por diante. **Isso é a tática.**

Não dá para fazer nada bem-feito sem estratégia e tática.

A estratégia sem tática leva à paralisia por análise. Por melhor que sejam o empreiteiro e o arquiteto, a casa não será construída enquanto ninguém começar a colocar os tijolos. Em algum momento alguém precisa dizer: "OK, agora a planta está boa. Temos todos os alvarás necessários para construir, então vamos começar."

A tática sem estratégia leva à "síndrome do objeto que brilha". Imagine que você começou a erguer uma parede sem qualquer planejamento e então descobriu que ela estava no lugar errado; aí você começa a cimentar a fundação e descobre que não é a certa para aquele tipo de casa; depois, começa a cavar a área onde quer instalar a piscina, mas ela também não é a indicada. É claro que isso não vai dar certo. No entanto, é exatamente assim que muitos donos de empresa fazem marketing. Eles vão encadeando uma série de táticas aleatórias na esperança de que alguma delas atraia clientes. Põem no ar um site sem refletir muito, e ele acaba sendo uma versão on-line do folheto de apresentação ou começam a se promover nas redes sociais porque ouviram dizer que está na moda, e assim por diante.

Estratégia e tática são necessárias para alcançar o sucesso, mas a estratégia tem que vir primeiro e ditar a tática a ser usada. É aí que entra o seu plano de marketing. Pense nele como a planta do arquiteto para atrair e reter clientes.

Eu tenho um ótimo produto/serviço, preciso mesmo de marketing?

Muitos empresários enganam a si próprios, pensando que, oferecendo um produto excelente, o mercado vai comprar. Embora o conceito de "se você fizer, eles virão" renda um argumento excelente para um filme, ele é péssimo enquanto estratégia de negócios. Os anais da história estão cheios de produtos de superioridade técnica que fracassaram comercialmente. Entre os exemplos estão os videocassetes Betamax, o assistente pessoal digital Newton e o disc-laser, para citar alguns.

Produtos bons, até mesmo ótimos, simplesmente não bastam. Por isso, o marketing precisa ser uma das principais atividades de quem busca êxito empresarial.

Pergunte a si mesmo: quando é que um cliente em potencial descobre quanto seu produto ou serviço é bom? A resposta, evidentemente, é: quando ele compra. Se ele não comprar, nunca vai saber. Como na famosa frase de Thomas Watson, da IBM: "Nada acontece enquanto a venda não acontece."

É preciso, portanto, compreender com clareza um conceito importante: **um bom produto ou serviço é uma ferramenta de retenção de clientes.** Se entregarmos ao cliente uma excelente experiência de produto ou serviço, ele comprará mais da gente, indicará nossa empresa a outras pessoas e ajudará a construir a marca através de um boca a boca positivo. No entanto, antes da **retenção** do cliente, precisamos pensar na sua **aquisição** (também conhecida como marketing), e é por aí que os empresários mais bem-sucedidos sempre começam.

Como matar sua empresa

Estou prestes a revelar uma das formas mais fáceis e comuns de matar seu negócio — na sincera esperança de que você **não faça**. Esse é absolutamente o pior erro cometido pelos donos de pequenas empresas quando se trata de marketing.

E é também um erro muito comum, que está no cerne do *por que o marketing da maioria das empresas dá errado*.

Se você é dono de uma pequena empresa, sem dúvida já pensou em algum momento em marketing e publicidade. Que método você vai adotar? O que sua publicidade vai dizer?

O raciocínio mais usual entre os donos de pequena empresa é observar os concorrentes maiores e bem-sucedidos do setor e imitar o que eles fazem. Parece lógico — faça aquilo que outras empresas de sucesso estão fazendo e você também terá. Certo?

Na verdade, esse é o jeito mais rápido de fracassar, e tenho certeza de que é responsável pela maior parte dos fracassos de pequenas empresas. Eis os dois principais motivos:

1) As grandes empresas têm uma agenda diferente

Em matéria de marketing, grandes e pequenas empresas têm agendas muito diferentes. Suas estratégias e prioridades diferem significativamente.

As prioridades de marketing de uma grande empresa são mais ou menos essas:

1. Agradar ao comitê de direção.
2. Acalmar os acionistas.
3. Satisfazer as ideias preconcebidas dos chefes.
4. Satisfazer as ideias preconcebidas dos atuais clientes.
5. Ganhar prêmios de publicidade e criação.
6. Ser recomendado pelos diversos comitês e acionistas.
7. Gerar lucro.

As prioridades de marketing de uma pequena empresa são mais ou menos essas:

1. Gerar lucro

Como se vê, há uma enorme diferença. Portanto, naturalmente, deveria haver uma enorme diferença de estratégia e de execução.

2) Grandes empresas têm um orçamento MUITO diferente

A estratégia muda de acordo com a escala. É muito importante entender isso. Você acha que alguém que investe na construção de arranha-céus tem uma estratégia de investimento em propriedade diferente do pequeno investidor médio em propriedade? É claro que sim.

Usar a mesma estratégia simplesmente não vai dar certo em pequena escala, porque não há como construir apenas um andar de um arranha-céu e ter sucesso. Você precisa dos cem andares.

Quem tem um orçamento publicitário de 10 milhões de reais e três anos para obter lucro, usa uma estratégia bem diferente de quem precisa lucrar imediatamente com um orçamento de 10 mil reais.

Usando uma estratégia de marketing de grande empresa, seus 10 mil reais serão uma gota no oceano. Ou seja, serão totalmente desperdiçados e ineficazes, porque você estará usando a estratégia errada para a escala em que está operando.

O marketing das grandes empresas

O marketing das grandes empresas às vezes é chamado de marketing de massa ou *branding*. O objetivo da publicidade, nesse caso, é relembrar o cliente ou potencial cliente a respeito da sua marca, bem como dos produtos e serviços oferecidos por ela.

A ideia é que, quanto maior a divulgação de anúncios da sua marca, maior será a probabilidade de que as pessoas tenham a marca no topo da consciência na hora de tomar uma decisão de compra.

A esmagadora maioria do marketing das grandes empresas pertence a essa categoria. Se você já viu anúncios da Coca-Cola, da Nike e da Apple, já vivenciou o marketing de massa.

É um tipo de marketing eficiente, é claro; no entanto, tem um alto custo e toma muito tempo. Exige que você sature os diversos tipos de mídia publicitária — TV, jornais e revistas, rádio e internet — de forma muito constante e durante um longo período.

Tempo e dinheiro envolvidos não são um problema para as grandes marcas, que dispõem de verbas publicitárias e equipes de marketing imensas, bem como de linhas de produtos planejadas com anos de antecedência.

No entanto, surge um problema importante quando as pequenas empresas tentam imitar as grandes com esse tipo de marketing.

As poucas vezes em que elas publicam seus anúncios são insignificantes e nem de longe atingem a consciência do público-alvo, bombardeado por milhares de mensagens de marketing todos os dias. Esses anúncios acabam sendo ofuscados e geram pouco ou nenhum retorno para o investimento. E mais uma vítima da publicidade vai à lona.

Não é que as pequenas empresas não saibam fazer *branding* ou anúncios de mídia de massa; elas apenas não possuem orçamento para divulgar seus anúncios em volume suficiente para torná-los eficazes.

A menos que você disponha de milhões de reais de verba, é altíssima a probabilidade de fracassar com esse tipo de marketing.

O *branding*, o marketing de massa e o marketing com base no ego são terrenos das grandes empresas. Atingir qualquer resultado mínimo por essas vias exige um orçamento enorme e anúncios caríssimos em veículos de massa.

Seguir o caminho de outras empresas de sucesso é inteligente, sim, mas é vital que você compreenda a estratégia que vai aplicar e que seja capaz de executá-la.

Do ponto de vista de um observador externo, a estratégia pode ser bem diferente da realidade. Adotando uma estratégia cujas prioridades são diferentes das suas ou cujo orçamento é inteiramente distinto, é altamente improvável obter o resultado esperado.

Agora vejamos qual é a cara do marketing das pequenas e médias empresas bem-sucedidas.

O marketing das pequenas e médias empresas bem-sucedidas

O marketing de resposta direta é um ramo específico do marketing que propicia a pequenas empresas um caminho e uma vantagem competitiva a um baixo orçamento. Ele é elaborado de modo a proporcionar um retorno mensurável sobre o investimento.

Se notas de 10 reais fossem vendidas por 2 reais, quantas você compraria? Quantas fosse possível, é claro! O nome do jogo, no marketing de resposta direta, é "dinheiro com desconto". Por exemplo, para cada 2 reais gastos com publicidade, você obtém 10 reais sob a forma de lucro com vendas.

Além de ser uma estratégia de venda extremamente ética, é focada nos problemas específicos do *prospecto* (o cliente em potencial) e busca resolvê-los através de informação e soluções específicas. Também é a única forma verdadeira de uma pequena empresa chegar, de forma acessível, à consciência do cliente em potencial.

Quando você transforma seus anúncios em anúncios de resposta direta, eles se tornam ferramentas geradoras de *leads* (diferentemente dos prospectos, os *leads* são contatos que já demonstraram interesse pelo serviço ou produto), em vez de simples ferramentas de reconhecimento de nome.

O marketing de resposta direta, como é fácil perceber, visa suscitar uma ação ou resposta imediata, além de levar o prospecto a tomar alguma atitude específica, como assinar sua lista de e-mails, ligar pedindo mais informações, fazer uma encomenda ou ser direcionado para um site. O que compõe, então, um anúncio de resposta direta? Eis algumas características principais:

É rastreável. Ou seja, quando alguém responde, você sabe qual anúncio e qual mídia foi responsável pela geração da resposta. Essa característica entra em contraste com a mídia de massa ou com o marketing "de marca" — ninguém jamais saberá qual anúncio levou você a comprar aquela latinha de Coca-Cola; nem você mesmo deve saber!

É mensurável. Como você sabe quais anúncios geraram resposta e quantas vendas você fez a partir de cada um, pode medir com exatidão a eficácia de cada anúncio. E, com isso, pode abandonar ou mudar aqueles que não estejam dando retorno sobre o investimento (ROI, *return on investment*).

Usa chamadas convincentes e um texto que vende. O marketing de resposta direta tem uma mensagem convincente, de forte interesse para seus prospectos. Usa chamadas que atraem a atenção e um texto (ou *copy*, no jargão publicitário) vendedor, que atua como um "representante de vendas impresso". Muitas vezes o anúncio se parece mais com um artigo do que com um anúncio propriamente (o que aumenta em três a chance de que seja lido).

Mira em um público ou nicho específico. Os alvos são prospectos dentro de mercados verticais, zonas geográficas ou nichos específicos. O objetivo do anúncio é apelar para um público-alvo restrito.

Faz uma oferta específica. Em geral, o anúncio faz uma oferta específica que contém valor. Muitas vezes o objetivo não é necessariamente vender o que é anunciado, e sim levar o prospecto a dar o passo seguinte, como pedir um catálogo gratuito. Enquanto as mídias de massa e o marketing "de marca" têm uma mensagem ampla, "de tamanho único", focada no anunciante, a oferta específica é focada no prospecto, e trata dos seus interesses, desejos, receios e frustrações.

Exige resposta. A publicidade de resposta direta tem uma "chamada à ação" (*call to action*), levando o prospecto a fazer algo específico. Ela inclui um meio de responder e de "capturar" essa resposta. Aos prospectos interessados, de alta probabilidade, é oferecido um jeito fácil de responder, como um link, um número de telefone ou *Whatsapp*, um chat on-line, um formulário de resposta por e-mail etc. Quando o prospecto responde, captura-se o máximo possível de informações de contato da pessoa para que ela possa ser acessada além da resposta inicial.

Inclui acompanhamento (*follow-up*) de curto prazo e em vários estágios. Em troca da captura dos detalhes do prospecto, são oferecidas informações e instruções valiosas sobre o problema do prospecto. As informações devem trazer consigo uma segunda "oferta irresistível", relacionada a qualquer passo seguinte que você queira que ele dê, como marcar uma consulta ou visitar a loja ou *showroom*. Segue-se uma série de "toques" de *follow-up*, via diferentes canais (e-mail, redes sociais, *Whatsapp*). Muitas vezes, a oferta é de tempo ou quantidade limitada.

Inclui o *follow-up* de manutenção dos *leads* não convertidos. Quem não respondeu dentro do período de *follow-up* de curto prazo pode ter tido várias razões para não ter "amadurecido" de imediato e se tornado comprador. Mas esse "banco" de prospectos "de maturação lenta" tem valor e precisa ser alimentado e ter notícias suas de tempos em tempos.

O marketing de resposta direta é um tema bastante profundo, com várias facetas. O Plano de Marketing de 1 Página é uma ferramenta que o ajuda a implementar o marketing de resposta direta na sua empresa, sem necessidade de passar anos estudando para se tornar expert.

É um processo guiado, que ajuda a criar de maneira rápida e fácil os elementos-chave de uma campanha de resposta direta para a sua empresa.

O Plano de Marketing de 1 Página

O formulário do Plano de Marketing de 1 Página (PM1P) foi criado de modo que você possa preenchê-lo em tópicos, à medida que lê este livro, tendo ao final um plano de marketing personalizado para sua empresa. Eis a cara de um formulário em branco do PM1P:

Meu Plano de Marketing de 1 Página

Antes (Prospecto)	1. Meu público-alvo	2. Minha mensagem para o público-alvo	3. Mídias que usarei para atingir meu público-alvo
Durante (Lead)	4. Meu sistema de captura de *leads*	5. Meu sistema de contato com *leads*	6. Minha estratégia de conversão de vendas
Depois (Cliente)	7. Como entrego uma experiência de padrão global	8. Como aumento o tempo de vida do cliente	9. Como provoco e estimulo indicações

São nove quadrados, divididos entre as três grandes fases do processo de marketing. A maioria das grandes peças de teatro, filmes e livros é dividida em uma estrutura de três atos. Isso também acontece com o grande marketing. Vamos dar uma olhada nesses três "atos".

> Baixe sua cópia em inglês do formulário do Plano de Marketing de 1 Página em 1pmp.com, e em português pelo site intrinseca.com.br /o-plano-de-marketing-de-1-página

As três fases da jornada de marketing

O processo de marketing é uma jornada pela qual queremos conduzir nosso público-alvo ideal. A ideia é guiá-lo a partir de um estado em que ignora nossa existência em direção ao status de cliente entusiasta.

Essa jornada é composta por três fases distintas: o **Antes**, o **Durante** e o **Depois**[2] do seu processo de marketing. A seguir, um panorama breve de cada uma dessas fases.

Antes

Rotulamos as pessoas que passam pela fase do Antes como **prospectos**. No começo da fase do Antes, em geral, o prospecto sequer sabe da sua existência. Para que essa fase seja completada com êxito, é preciso que o prospecto saiba quem você é e demonstre interesse.

Exemplo: Tom é um empresário muito ocupado e está incomodado por não conseguir sincronizar os contatos do notebook com o celular. Ele procura uma solução on-line e se depara com um anúncio com a seguinte chamada: "Cinco estratégias pouco conhecidas para aumentar as funcionalidades de TI da sua empresa". Tom clica no anúncio e é levado até um formulário on-line, onde precisa colocar seu endereço de e-mail para poder baixar um e-book gratuito. Tom enxerga valor no que o e-book tem a oferecer, por isso fornece seu e-mail.

---

[2] Dean Jackson é a lenda do marketing de resposta direta que criou o conceito do "antes, durante e depois".

Durante
Rotulamos as pessoas que passam por esta fase como *leads*. No começo do Durante, os *leads* manifestaram algum interesse na sua oferta. Se completada com êxito, essa fase resulta na primeira compra.

Exemplo: Tom obtém bastante valor do e-book que baixou. Tem algumas dicas verdadeiramente boas, que ele desconhecia até então, e implementá-las lhe poupou bastante tempo. Além disso, a empresa que redigiu o e-book tem mandado outras dicas e informações valiosas por e-mail, e oferece a Tom uma auditoria de TI. Tom acaba aceitando a oferta. A auditoria é minuciosa e profissional, revelando que os sistemas de TI de Tom estão vulneráveis, porque boa parte dos softwares nas máquinas está desatualizada. Além disso, os backups, que ele achava que vinham sendo feitos, na verdade pararam de funcionar seis meses antes. A empresa então oferece mandar um técnico para consertar todos os problemas identificados durante a auditoria, com um bom desconto na tarifa. Tom também aceita essa oferta.

Depois
Rotulamos as pessoas nesta fase como **clientes**.[3] No começo do Depois, o cliente já deu dinheiro à empresa. A fase Depois nunca termina e, quando executada de forma correta, resulta em um círculo virtuoso em que o cliente compra continuamente de você e se torna tão aficionado dos seus produtos ou serviços que os recomenda o tempo todo, apresentando você a novos prospectos.

Exemplo: Tom ficou extremamente impressionado com o profissionalismo do técnico designado. O profissional chegou no horário, foi educado e explicou tudo em uma linguagem simples. Além disso, o que é importante, cumpriu a promessa da empresa de "conserto de primeira ou serviço grátis". No dia seguinte, a empresa entra em contato para fazer o *follow-up* com Tom, garantindo sua satisfação com o serviço recebido. Tom responde que está muito

---

[3] Usamos o rótulo "cliente" como um termo genérico para "pessoas que pagam a você". Dependendo do seu ramo de atuação, esse nome pode mudar para paciente, usuários etc.

satisfeito. Nessa ligação de *follow-up*, é oferecido a Tom um pacote de manutenção com um técnico qualificado, que, em troca de uma mensalidade, fará uma checagem de seus sistemas de TI. Também está incluído suporte técnico ilimitado. Portanto, se Tom tiver algum problema a qualquer momento, pode ligar sem cobrança e receber suporte imediato. Tom aceita a oferta. Por si só, a linha de suporte tem enorme valor para ele, já que é comum ter problemas com o sistema de TI e perder tempo produtivo tentando descobrir o que aconteceu. Por conta do ótimo serviço que tem recebido, Tom indica a empresa a três empresários, amigos do clube de golfe.

Resumindo, se tivéssemos que resumir as três fases, ficaria algo assim:

Fase	Status	Objetivo da fase
Antes	Prospecto	Fazer a pessoa **conhecer** você e demonstrar interesse
Durante	*Lead*	Fazer a pessoa **gostar** de você e comprar pela primeira vez
Depois	Cliente	Fazer a pessoa **confiar** em você, comprar regularmente de você e indicar você a novas empresas

Agora que já temos um bom panorama, é hora de analisar mais profundamente cada um dos nove quadradinhos que compõem o Plano de Marketing de 1 Página.

Importante:

Baixe sua cópia do formulário do Plano de Marketing de 1 Página em 1pmp.com

PRIMEIRO ATO

O ANTES

Resumo da seção do Antes

Na fase do Antes, estamos lidando com *prospectos*. Prospectos são pessoas que talvez nem saibam da sua existência. Nesta fase, você vai identificar um público-alvo, elaborar uma mensagem convincente para esse público-alvo e enviar a ele essa mensagem através de mídias publicitárias.

O objetivo desta fase é fazer seu prospecto **conhecer você** e reagir à sua mensagem. Ao demonstrar interesse em responder, ele se torna um *lead* e entra na segunda fase do seu processo de marketing.

1
COMO SELECIONAR SEU PÚBLICO-ALVO

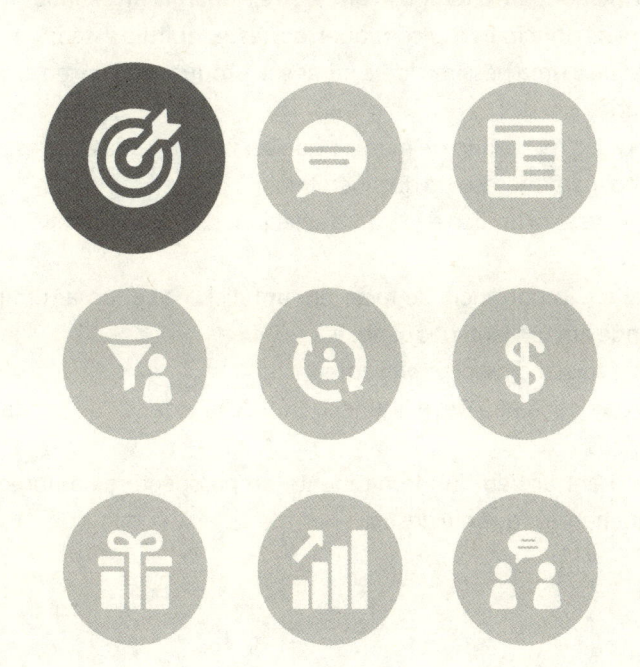

Resumo do Capítulo 1

Escolher seu público-alvo é crucial nos primeiros estágios do processo de marketing. Isso garante que sua mensagem de marketing ressoe melhor, o que, por sua vez, tornará seu marketing bem mais eficaz. Ao focar no público-alvo correto para o seu negócio, você conseguirá um retorno melhor para o tempo, o dinheiro e a energia investidos.

Entre os principais tópicos cobertos neste capítulo estão:
- Por que é uma péssima ideia mirar seu produto ou serviço em todo mundo.
- Por que o marketing de massa pode ser nocivo à sua empresa e ser muito mais oneroso do que lucrativo.
- Como usar o "Índice GVL" para selecionar seu público-alvo perfeito.
- Qual é a importância de focar em um nicho e se tornar um peixe grande em um lago pequeno.
- Como tornar o preço irrelevante.
- Por que você não deve anunciar uma lista extensa de produtos e serviços.
- Como entrar bem fundo na mente do prospecto e compreender exatamente o que ele deseja.

Como selecionar seu público-alvo

Ele não é todo mundo

Sempre que pergunto a donos de empresas qual é o público-alvo deles, muitos tendem a responder "todo mundo". Na verdade, isto significa "ninguém". No afã de conquistar o maior número possível de clientes, muitos empreendedores tentam atender o mercado mais amplo possível.

À primeira vista, parece lógico, mas trata-se de um equívoco dos grandes. Em geral, essas pessoas têm medo de restringir o público-alvo porque não querem deixar de fora nenhum cliente em potencial.

Este é um engano típico dos novatos no marketing. Neste capítulo, examinaremos por que a exclusão de clientes é, na verdade, algo positivo.

Como dito na Introdução, a publicidade de muitas grandes empresas pertence a uma categoria chamada "marketing de massa", às vezes também chamada de *branding*. Nesse tipo de marketing, o dono de empresa é como um arqueiro em meio a um denso nevoeiro, atirando flechas em todas as direções na esperança de que uma delas atinja o alvo.

A teoria subjacente do marketing de massa ressalta que é preciso "ter o nome na praça". Não sei direito que "praça" é essa ou o que acontece exatamente quando seu nome chega lá. Seja como for, a teoria diz que, se você difundir sua mensagem um número suficiente de vezes, é provável que atinja um público que inclui seus prospectos, e que um percentual deles compre seu produto ou serviço.

Se estiver achando isso muito parecido com nosso arqueiro desorientado — vagando em meio à névoa, disparando flechas em direções aleatórias, na esperança de que dê certo —, você tem toda razão. Porém, imagino que também esteja pensando: se continuar atirando um número suficiente de flechas em todas as direções, uma hora ele vai acertar o alvo. Correto? Talvez. Porém, pelo menos para pequenas e médias empresas, esse é o jeito mais estúpido de fazer marketing, porque elas nunca terão uma quantidade suficiente de flechas (em outras palavras, de dinheiro) para atingir o alvo um número de vezes suficiente para representar um bom ROI.

Para ser um profissional de marketing bem-sucedido em uma pequena empresa, é preciso ter um foco de laser em um público-alvo restrito, às vezes chamado de *nicho*.

Os nichos: como explorar o poder do foco

Antes de seguir em frente, vamos definir o que é um nicho empresarial.

Um nicho é uma porção de uma subcategoria rigorosamente definida. Por exemplo, pense na categoria "saúde e beleza". É uma categoria bastante ampla, certo? Um salão de beleza é capaz de oferecer uma variedade de serviços, entre eles bronzeamento, depilação, rejuvenescimento facial, massagem, tratamento de celulite e muito mais. Se, por exemplo, pegarmos uma dessas subcategorias — digamos, tratamento de celulite —, esta pode ser nosso nicho. No entanto, podemos reduzi-lo ainda mais, focando em "tratamento de celulite para mulheres que acabaram de ter filho". Eis um nicho rigorosamente definido. Você deve estar pensando: por que diabos iríamos querer limitar tanto o nosso mercado? São dois motivos:

1. Você dispõe de uma quantidade limitada de dinheiro. Se seu foco for amplo demais, sua mensagem de marketing ficará fraca e diluída.
2. O outro fator crucial é a *relevância*. O objetivo do anúncio é fazer o prospecto dizer: "Ei, isso aqui é para mim."

Se você for uma mulher que acabou de ter filho e está preocupada com celulites, um anúncio mirando nesse problema específico chamaria a sua atenção? Muito provavelmente. E se esse anúncio for um anúncio genérico de um salão de beleza, listando uma longa série de serviços, entre eles o tratamento de celulite? Provavelmente ficaria perdido no entulho, certo?

Uma lâmpada incandescente de 100 watts, do tipo que temos em casa, ilumina um cômodo. Em compensação, um laser de 100 watts é capaz de cortar aço. A mesma energia, resultados drasticamente diferentes. A diferença é a maneira de focá-la. A mesmíssima coisa vale para o seu marketing.

Usemos outro exemplo: um fotógrafo. Se você olhar anúncios da maioria desses profissionais, em geral encontrará uma folha corrida de serviços, como:

- Retratos.
- Casamentos.
- Fotos de família.
- Fotografia comercial.
- Fotografia de moda.

Mesmo sabendo que a técnica fotográfica não varia tanto de uma situação para a outra, me permita fazer uma pergunta: você acha que quem está procurando por fotografia de casamento responderia a um anúncio diferente em relação a quem está procurando por fotografia comercial?

Você acha que uma noiva à procura de um fotógrafo para um dia tão especial quer algo radicalmente diferente de um gerente de compras de um distribuidor de maquinário pesado em busca de um fotógrafo para um folheto de promoção de um caminhão? É claro que sim.

No entanto, se o anúncio for apresentado como uma simples lista infindável de serviços, não estará se comunicando com nenhum desses dois prospectos; logo, não será relevante, e provavelmente será ignorado por ambos os segmentos de mercado.

É por isso que você precisa definir um público-alvo restrito para sua campanha de marketing.

Querer ser tudo, para todo mundo, é fracasso de marketing na certa. Isso não significa que você não possa propor uma ampla gama de serviços, é claro, mas é preciso entender que cada categoria de serviço deve ter sua própria campanha.

Mirar um nicho restrito permite que você se torne um peixe grande em um lago pequeno. Permite que você domine uma categoria, ou uma região, de uma forma que seria impossível se fosse genérico.

Os tipos de nichos que se deve buscar têm "um palmo de largura e um quilômetro de fundura". Um palmo de largura quer dizer que o nicho é uma subseção bastante restrita de uma categoria. Um quilômetro de fundura significa que há muita gente à procura de uma solução para aquele problema específico. Tendo dominado um nicho, você pode expandir seu negócio a fim de encontrar outro nicho lucrativo e altamente focado, e então dominá-lo também.

Assim, você pode ter todas as vantagens de ser altamente focado, sem limitar o tamanho potencial da sua empresa.

O nicho torna o preço irrelevante

Se você tivesse acabado de sofrer um infarto, preferiria ser tratado por um clínico geral ou por um cardiologista? É evidente que você escolheria o especialista. Muito bem, e se você for a uma consulta com um cardiologista, espera que ele cobre mais que um clínico geral? É claro que sim.

O preço a pagar pelo especialista provavelmente seria muito mais alto do que o do clínico geral. Porém, nesse caso, seu critério de compra não é o preço.

Mas como, de repente, o preço deixou de ser relevante? Esse é o lado bom de atender a um nicho. Quer faça cirurgias cardíacas ou ofereça tratamento para celulite, atendendo a um nicho você pode cobrar muito mais pelo serviço do que se fosse uma categoria genérica. Você passa a ser percebido de maneira diferente pelos seus prospectos e clientes. Especialistas são requisitados, e não pechinchados. Um especialista é muito mais respeitado do que um faz-tudo. Um especialista é regiamente pago para resolver um problema específico do seu público-alvo.

Portanto, descubra alguma coisa para a qual o seu mercado busca uma solução, algo que lhe pagariam regiamente para fazer. Entre, então, no monólogo interior do público-alvo, de preferência para dizer algo em que eles vão dormir e acordar pensando, e então verá seus resultados melhorarem drasticamente.

Tentar atirar para todos os lados, na verdade, faz com que você não acerte ninguém. Ao ampliar demais, você mata sua especialização e se torna uma *commodity* comprada por preço. Ao definir um público-alvo restrito, a quem você pode impressionar e entregar ótimos resultados, você se torna um especialista.

Quando você estreita seu público-alvo, decide naturalmente quem será excluído. Não subestime a importância desse movimento. Excluir clientes em potencial assusta muitos pequenos empresários. Eles pensam, equivocadamente, que uma rede maior deve capturar mais clientes. E isso é um erro enorme. Domine um nicho e, depois disso, repita o processo com outro, e depois outro. Mas nunca tente fazer tudo ao mesmo tempo porque isso dilui sua mensagem e a força do seu marketing.

Como identificar seu cliente ideal

Agora que você já percebeu o poder de restringir o público-alvo, é hora de selecionar o seu. Assim como acontece com a maioria das empresas, talvez você atenda diversos segmentos de mercado. Por exemplo, voltando a nosso amigo fotógrafo, talvez ele faça:

- Casamentos.
- Fotografia corporativa.
- Fotojornalismo.
- Retratos de família.

Temos aqui quatro segmentos de mercado imensamente diferentes. Uma ótima maneira de descobrir qual é o seu público-alvo **ideal** é usar o índice GVL[4] (**G**ratificação pessoal, **V**alor para o mercado e **L**ucratividade) e dar uma nota de 0 a 10 a cada segmento de mercado que você atende.

G — Gratificação pessoal: até que ponto você gosta de lidar com esse tipo de cliente? Às vezes, trabalhamos com clientes do tipo "pé no saco" só porque eles têm dinheiro. Aqui, você atribui uma nota à sua satisfação em trabalhar com este segmento de mercado.

V — Valor para o mercado: até que ponto este segmento de mercado valoriza seu trabalho? Estão dispostos a pagar bem pelo serviço?

---

[4] Roubei descaradamente o conceito de GVL de Frank Kern.

L — Lucratividade: até que ponto o trabalho que você faz para esse segmento é lucrativo? Às vezes, mesmo quando você cobra um preço alto pelo seu trabalho, ao olhar para os números, descobre que eles mal dão lucro ou até dão prejuízo. **Lembre-se de que a questão não é "quanto você faturou", e sim "quanto sobrou".**

No exemplo do nosso amigo fotógrafo, o índice GVL dele pode ser resumido assim:

Casamentos	**Fotojornalismo**
Gratificação pessoal = 5	Gratificação pessoal = 9
Valor para o mercado = 7	Valor para o mercado = 7
Lucro = 9	Lucro = 2
Nota total: 21	Nota total: 18
Foto corporativa	**Retratos de família**
Gratificação pessoal = 3	Gratificação pessoal = 9
Valor para o mercado = 6	Valor para o mercado = 8
Lucro = 9	Lucro = 9
Nota total: 18	Nota total: 26

O cliente **ideal** para esse fotógrafo, portanto, são pessoas que busquem retratos de família. Este trabalho é mais divertido e lucrativo, de valor mais alto e com o tipo de cliente que paga melhor. Provavelmente será um segmento de mercado de destaque para você também.

Isto não significa que você não possa pegar trabalhos fora do seu público-alvo ideal; por ora, porém, o esforço de marketing estará concentrado em um segmento de mercado **ideal**. Lembre-se de que a ideia é mirar como um laser. Depois que dominarmos este segmento de mercado, podemos seguir em frente e acrescentar outros, porque se começarmos amplos demais e abrangermos uma infinidade de segmentos de mercado, nosso esforço de marketing será ineficaz.

Qual é o seu público-alvo ideal? Seja o mais específico possível em relação a todas as características que possam ser relevantes. Qual é o gênero, a idade, a região em que se encontra?

Você tem uma imagem dele? Se tiver, imprima ou recorte-a, enquanto pensa nas respostas para as seguintes perguntas:

- O que o mantém acordado à noite, com azia, os olhos abertos, vidrados no teto?
- Do que ele tem medo?
- O que o deixa com raiva?
- De quem ele sente raiva?
- Quais são suas maiores frustrações do cotidiano?
- Que tendências vêm ocorrendo e vão ocorrer em sua profissão e sua vida?
- O que ele mais deseja secreta e ardentemente?
- Há algum viés incutido em sua forma de tomar decisões? Por exemplo, engenheiros são extremamente analíticos.
- Ele usa algum jargão ou tem um jeito próprio de falar?
- Que revistas ele lê?
- Que sites ele visita?
- Como é seu dia a dia?
- Qual é sua emoção predominante?
- Qual é *A* coisa que ele mais deseja, acima de tudo?

Essas perguntas não são teóricas, não vieram do nada; são a chave para seu sucesso no marketing. A menos que você consiga entrar na cabeça do seu prospecto, todos os seus demais esforços de marketing terão sido desperdiçados, por mais que você os execute bem.

A menos que você pertença ao seu público-alvo, boa parte do seu trabalho inicial de marketing será orientado para uma pesquisa aprofundada, entrevistas e um estudo cuidadoso do seu público-alvo.

Crie um avatar

Uma das melhores ferramentas para entrar na cabeça do seu prospecto é **tornar-se** um deles temporariamente, criando um avatar. Não se preocupe, não vou começar com papo de guru aqui.

Um avatar nada mais é do que uma exploração e descrição detalhada do público-alvo e seus hábitos. Assim como um desenhista de retratos-falados, você vai montar um mosaico que resultará em um retrato mental vívido do cliente. Contar a história desse indivíduo irá ajudá-lo a visualizar a vida do ponto de vista *dele*.

Também é importante criar avatares para cada tipo de tomador de decisões ou influenciador que possam existir em seu público-alvo. Por exemplo, caso esteja vendendo serviços de TI para pequenas empresas no setor de serviços financeiros, é provável que você tenha que tratar tanto com o dono da empresa quanto com seus assistentes.

Eis um exemplo de avatares para Máximo Fortuna, dono de uma bem-sucedida empresa de planejamento financeiro, e sua assistente pessoal, Ângela Assis Tent.

Máximo Fortuna:
- Tem 51 anos.
- É dono de uma bem-sucedida empresa de planejamento financeiro que cresceu de maneira constante nos últimos dez anos. Antes de abrir o próprio negócio, fez carreira em outras grandes empresas.
- Tem formação de nível superior e MBA.
- É casado, tem duas filhas adolescentes e um filho pequeno.
- Mora há cerca de quatro anos em um bairro de classe média alta, em uma casa de cinco quartos. Tem um Mercedes S-Class comprado há dois anos.
- Sua empresa tem dezoito empregados e funciona em um prédio de escritórios que pertence a ele. O escritório fica a quinze minutos de carro da casa onde mora.
- A empresa tem um faturamento anual de 4,5 milhões de reais, receita que vem predominantemente dos serviços que presta.
- Sua equipe não tem suporte de TI. Ele delega a maior parte das questões de tecnologia à sua assistente pessoal, Ângela Assis Tent.
- Máximo gasta cerca de 4 mil reais por mês nos diferentes softwares usados em sua empresa para controle de dados financeiros. Ele sabe que esse sistema é valioso para ele e para os clientes, mas também sabe que várias de suas características são subutilizadas.

- O servidor e os sistemas da empresa são um amontoado de computadores diferentes, instalados pelos respectivos vendedores de software, e tiveram pouca manutenção desde que começaram a ser usados. Os sistemas de backup são arcaicos e nunca foram verdadeiramente testados.
- Máximo é fanático por golfe. O escritório é todo decorado com objetos relativos ao esporte. Por todo lado há fotos dele jogando golfe. O fundo de tela de seu computador é uma bela vista panorâmica de um campo de golfe.
- Em seu tempo livre, previsivelmente, ele gosta de jogar golfe com amigos e parceiros de negócios.
- Ele lê diariamente mais de um jornal de economia, além do jornal local.
- Tem um iPhone, e o usa, sobretudo, para chamadas telefônicas e conferência de e-mails.

Viu como isto pode nos proporcionar ideias valiosas em relação à vida do nosso prospecto? Agora vamos analisar o avatar de outra influenciadora dentro do nosso público-alvo.

Ângela Assis Tent:
- Tem 29 anos.
- É solteira e mora com seu gato, Sprinkles, em um apartamento de dois quartos alugado. Pega o transporte público para ir ao trabalho e gasta uns trinta minutos diários em deslocamento.
- Ângela é organizada, está sempre bem-vestida.
- É assistente pessoal de Máximo há três anos, período em que a empresa teve um crescimento acelerado. Ela é o braço-direito dele, que ficaria totalmente perdido sem ela.
- Ela organiza a agenda de Máximo, configura seu notebook e celular, faz e recebe chamadas em nome dele, entre outras muitas tarefas. É o cimento que mantém de pé a empresa de Máximo e faz um pouco de tudo, desde encomendar artigos de escritório à TI a fazer as vezes de RH.
- Embora oficialmente seja assistente pessoal, Ângela é bem mais do que isso. Ela é a gerente do escritório e, até certo ponto, a

gerente-geral. É a ela que a equipe recorre quando algo precisa ser consertado, arrumado ou organizado.
- Ela entende de tecnologia, mas não quando se trata dos aspectos mais técnicos e estratégicos dos sistemas de TI.
- Depois do trabalho, ela costuma ir à academia e adora assistir a séries novas na Netflix. No fim de semana, põe a conversa em dia com os amigos e curte a vida noturna.
- Ela passa muito tempo na internet lendo conteúdo sobre beleza, moda e fofocas de celebridades.
- Ângela gasta a maior parte do dinheiro que sobra comendo fora, se divertindo e fazendo compras on-line, o que é quase um vício para ela. Embora seja bastante bem remunerada, Ângela está sempre sem dinheiro, o que gerou uma dívida de aproximadamente 10 mil reais no cartão de crédito. Ela sabe que precisa lidar melhor com as finanças, mas sente que há tentações demais para resistir.
- Está sempre grudada no celular, mandando mensagens e usando redes sociais.

Levando esse exemplo um passo adiante, encontre uma imagem verdadeira, que represente visualmente seu avatar, e tenha-a diante de você sempre que for criar um material de marketing para ele.

Esperamos que, a esta altura, você tenha percebido o quão poderosos são os avatares. Eles são o equivalente do "método de atores" no marketing. Os avatares entram direto na mente do seu prospecto, um ponto de vista que será absolutamente crucial na hora de elaborar sua mensagem para o público-alvo.

Tarefa do Capítulo 1:

Qual é o seu público-alvo?

Preencha o quadrado número 1 do seu formulário do Plano de Marketing de 1 Página.

2
COMO ELABORAR SUA MENSAGEM

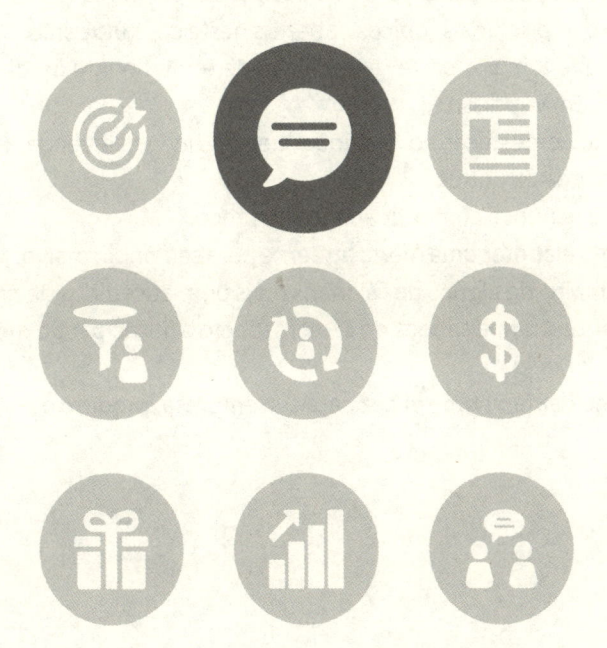

Resumo do Capítulo 2

A maioria das mensagens de marketing é entediante, tímida e ineficaz.

Para se destacar na multidão, você precisa elaborar uma mensagem convincente, que chame a atenção do seu público-alvo. Uma vez tendo conquistado a atenção dele, o objetivo passa a ser incitá-lo a responder.

Entre os principais tópicos cobertos neste capítulo estão:

- Por que a maior parte da publicidade é totalmente inútil e o que fazer em vez disso.
- Como se destacar na multidão mesmo que você venda a mesma coisa que os outros.
- Por que nunca competir apenas no preço.
- Como elaborar uma oferta atraente para seu público-alvo.
- Exemplos de alguns dos slogans mais bem-sucedidos da história.
- Como entrar na cabeça do seu prospecto e participar do monólogo interior dele.
- Como dar um nome eficaz para sua empresa, produto ou serviço.

Como elaborar sua mensagem

Um acidente à espera de acontecer

Passo bastante tempo observando diversos tipos de mídia, regionais e nacionais — não em busca de reportagens, mas de publicidade. Por fazer isso há anos, fico absolutamente espantado ao ver, com raríssimas exceções, como a publicidade é chata, repetitiva e inútil. O desperdício é chocante. De dinheiro e de oportunidades.

Dá para resumir a estrutura da maior parte dos anúncios de pequenas empresas assim:

Nome da empresa
Logo da empresa
Lista dos serviços oferecidos
Uma declaração de melhor qualidade, melhor serviço ou melhor preço
Oferta de um "orçamento grátis"
Detalhes de contato

Fazer um anúncio assim é o básico do básico. Depois, tudo que você precisa é esperar e torcer para que, no mesmo dia da veiculação do anúncio, um prospecto com necessidade imediata do seu produto ou serviço esbarre com ele e faça alguma coisa. É o que eu chamo de "marketing acidental". Um prospecto que se encaixe, que dê de cara com o anúncio certo, na hora certa, às vezes resulta no feliz acaso da ocorrência de uma venda.

Se esses "acidentes" nunca acontecessem, então ninguém jamais anunciaria. Mas o fato é que vendas aleatórias ocasionalmente saem, sim, desse tipo de publicidade. E é aí que a coisa vira uma tortura mortal para os empresários, porque, embora geralmente o anúncio dê prejuízo, eles têm medo de não publicá-lo porque, afinal, ele gerou alguns trocados. Quem sabe na semana que vem ele não traga aquela grande venda tão esperada?

É como se esses empresários apostassem no caça-níqueis de um cassino. Colocam sua moedinha, puxam a alavanca e esperam ganhar o prêmio máximo, quando, na maioria das vezes, é a banca quem leva o dinheiro. Mas, como de vez em quando a máquina cospe uns trocados de volta, eles seguem tendo esperanças e se animam a tentar de novo.

Então, é hora de começar a fazer marketing com propósito. Hora de tratar a publicidade como uma máquina de vendas, onde os resultados e o valor gerado são previsíveis, e não aleatórios como um caça-níqueis, com cartas sempre marcadas contra você.

Para começar um marketing com propósito, precisamos analisar dois fatores fundamentais:

1. Qual é o objetivo do seu anúncio?
2. Qual é o foco do seu anúncio?

Quando pergunto aos donos de empresas qual é o objetivo do anúncio deles, geralmente recebo essas respostas:

- Reforçar a marca.
- Divulgar o nome.
- Informar ao público sobre produtos e serviços.
- Incentivar pedidos de orçamento.
- Vender.

Cada um desses itens é bem diferente do outro, e não há como fazer tudo em um anúncio só. No típico estilo das pequenas empresas, esses donos estão tentando obter o máximo impacto com pouco dinheiro. Porém, ao tentar fazer demais, acabam não atingindo nenhum dos objetivos.

Minha regra de ouro é: um anúncio, um objetivo. Se algo no anúncio não está ajudando a atingir esse objetivo, é preciso eliminá-lo. Isso inclui até "vacas sagradas", como o nome e o logo da empresa. O espaço publicitário é precioso, e coisas assim, que ocupam metros quadrados valiosos nesse espaço, muitas vezes prejudicam sua mensagem em vez de reforçá-la.

Em vez de tentar vender diretamente a partir do anúncio, apenas convide os prospectos a manifestarem interesse. Isto reduz a resistência e ajuda a montar um banco de dados de marketing, um dos ativos mais valiosos para um negócio.

Uma vez tendo clareza do objetivo, é hora de comunicá-lo ao leitor. Qual é a próxima coisa que você quer que ele faça? Que ele ligue para o seu 0800 e faça um pedido? Que ele acesse seu site e peça uma amostra grátis? Que ele solicite um catálogo gratuito? Sua chamada para ação precisa ser muito clara, e não algo vago e amedrontado, do tipo "não hesite em ligar".

O prospecto precisa saber com clareza qual é o próximo passo e o que receberá em troca. Além disso, disponibilize diversas formas de agir. Por exemplo, se a chamada para ação é encomendar seu produto, ofereça a possibilidade de pedir on-line, por telefone ou pelo Whatsapp. Cada pessoa se identifica mais com uma modalidade de comunicação. Ofereça diversos meios de resposta, para que elas possam escolher aquele com que se sentem mais à vontade.

Você já foi a alguma festa ou evento social e sentou-se ao lado de alguém que passa a noite inteira falando de si? Se sim, sabe que fica chato em pouco tempo. A gente dá aqueles sorrisos amarelos e assente educadamente, mas a cabeça já está bem longe, e a placa "saída" parece chamar nosso nome.

Da mesma forma, a maior parte da publicidade das pequenas empresas é voltada para dentro. Em vez de falar das necessidades dos problemas do prospecto, foca em autopromoção. O logo gigantesco com o nome da empresa, a lista interminável de serviços, a afirmação de que se é o maior fornecedor daquele produto ou serviço. Tudo isso grita: "Preste atenção em mim!"

Infelizmente, você está em um mercado concorrido, e quando todo mundo está gritando "Preste atenção em mim!" ao mesmo tempo, cada grito vira um ruído. Em compensação, o marketing de resposta direta põe todo o foco nas necessidades, nas ideias e emoções do público-alvo. Ao fazer isso, você entra no monólogo interior do seu prospecto ideal. Ou seja, seu anúncio ressoa em um nível mais profundo e se destaca de 99% dos outros, que estão só gritando e falando de si próprios.

Não seja o equivalente publicitário do cara sem noção que passa a festa inteira falando de si mesmo, enquanto um público desinteressado procura a saída. Além disso, não deixe nada ao acaso. Saiba exatamente o que você quer que seu anúncio alcance, e a ação exata que você quer que seu prospecto realize.

Como elaborar uma proposta única de venda

Muitas pequenas empresas não têm razão de existir. Tire o nome e o logo do site e de outros materiais de marketing, e você nem vai saber quem são. Os serviços poderiam muito bem ser de qualquer outra concorrente do setor. Nesses casos, sua razão de existir é sobreviver e pagar as contas do proprietário, que em geral mal consegue se manter fora do vermelho, isso quando consegue.

Do ponto de vista do cliente, não há um motivo convincente para comprar dessa empresa, e ela só vende porque está lá. No varejo, vemos um monte de empresas assim. As únicas vendas vêm do tráfego aleatório de pedestres. Ninguém está à procura delas. Ninguém deseja ativamente o que elas têm a oferecer, e se elas não estivessem lá, ninguém sentiria falta delas. Cruel, mas é a verdade.

O problema dessas empresas é ser apenas "mais um" negócio. Como elas tomam as decisões de preço? Como elas tomam as decisões de produto? Como elas tomam as decisões de marketing? Em geral, elas simplesmente dão uma olhada no que o concorrente mais próximo está fazendo e o imitam ou mudam ligeiramente alguma coisa. Não me entenda mal, não há nada de errado em se espelhar em algo que já está dando certo. Na verdade, é algo bastante inteligente a se fazer. No entanto, é provável que os concorrentes em quem essas empresas se espelham estejam no mesmo barco, lutando para prosperar mesmo sem oferecer um motivo convincente para que alguém compre delas. Essas empresas baseiam suas decisões de negócio mais importantes em palpites e naquilo que seus medíocres concorrentes fazem. São cegos guiando cegos.

Depois de algum tempo de exaustiva tortura — ganhando só o mínimo para sobreviver, mas não o mínimo para ir bem —, muitas dessas empresas resolvem enfim "experimentar o marketing". Então, começam a fazer o marketing do "mais um", com uma mensagem "mais um" igualmente chata. Como seria de esperar, isso não dá certo. Todo o lucro das vendas extras que isso traz não chega sequer a cobrir os custos do marketing.

A questão é: a probabilidade de que seu marketing seja absolutamente perfeito de primeira — o casamento ideal entre mensagem, mercado e mídia — é infinitesimal. Até o profissional de marketing mais experiente lhe dirá que raramente marca um golaço no primeiro chute. São necessárias várias versões. É preciso testar e medir, até que essas três variáveis entrem em sintonia.

Porém, esses empresários não podem se dar ao luxo de gastar tempo, dinheiro e energia até acertar. Pior que isso, com um estilo de oferta do tipo "mais um", eles não têm esperança alguma.

Pense no marketing como um amplificador. Eis um exemplo. Você conta a alguém o que faz, e a pessoa não se anima. Daí você tenta contar a dez pessoas o que você faz, e tampouco elas se animam. Se você amplificar essa mensagem por meio do marketing e contar a 10 mil pessoas, o que o leva a crer que o resultado terá alguma diferença?

Se, desde o começo, não estiver definido na sua cabeça por que sua empresa existe e por que as pessoas deveriam comprar dela, e não do concorrente mais próximo, seu marketing será como subir uma ladeira íngreme.

É crucial elaborar uma **proposta única de venda** (USP, na sigla em inglês, de *unique selling proposition*) e é aí que muita gente trava e responde coisas como: "Eu vendo café. Não tem nada de único nisso."

É mesmo? Então por que não estamos todos comprando café por 2 reais na loja de conveniência do posto? Por que fazemos fila para gastar

10 ou 20 reais e comprar café em algum lugar da moda? Pense nisso. Você paga o tempo todo 400% a 500% a mais pelo mesmo produto.

Pense na água, um dos produtos mais abundantes da Terra. Quando você a compra engarrafada, seja de uma loja de conveniência ou de uma máquina automática, paga alegremente 2 mil vezes mais do que o preço de obtê-la do filtro de casa.

Viu como o mesmo produto, nos dois exemplos, não mudou, mas as circunstâncias e os elementos em torno dele mudaram, assim como a forma como ele é empacotado e distribuído?

O objetivo da sua USP é responder à seguinte pergunta: **Por que eu deveria comprar de você, e não do seu concorrente mais próximo?**

Outro bom teste é o seguinte: se eu tirasse o nome da empresa e o logo do seu site, as pessoas ainda saberiam que é a sua empresa ou confundiriam com qualquer outra do setor?

Um equívoco muito comum, quando as pessoas elaboram uma USP, é dizer que ela é de "qualidade" ou um "excelente serviço". Há duas coisas erradas nisso:

1. Qualidade e excelente serviço são expectativas; são apenas parte de uma boa prática empresarial, ou seja, não têm nada de único.
2. As pessoas só tiram conclusões sobre qualidade e excelência do serviço **depois** da compra. Uma boa USP é elaborada para atrair prospectos **antes** da tomada de decisão de compra.

Você sabe que está tratando o marketing de sua empresa como um produto sem diferenciais quando o prospecto começa a conversa perguntando seu preço.

Apresentar-se como uma *commodity* e, portanto, atrair vendas apenas pelo preço é um péssimo posicionamento para o dono de uma pequena empresa. Mais do que péssimo, é devastador, e essa corrida até o fundo está fadada a acabar em lágrimas.

A solução é desenvolver uma proposta única de venda. Algo que o posicione de forma diferente, de modo que os prospectos sejam obrigados a comparar maçãs com bananas ao compará-lo com seus concorrentes.

Se é possível comparar maçã com maçã entre você e seus concorrentes, a escolha será definida pelo preço, e aí você está ferrado porque sempre haverá alguém disposto a vender mais barato.

Nada de novo no front

Pouquíssimos produtos e negócios são verdadeiramente únicos, quiçá nenhum. Por isso, uma pergunta frequente é: "Se meu negócio não tem nada de único, como eu crio uma USP?"

Faço duas perguntas aos meus clientes para ajudá-los a elaborá-la. Respondê-las é o caminho rumo ao sucesso de marketing e financeiro no seu negócio.

Pois bem, são elas:

1. Por que eles devem comprar?
2. Por que eles devem comprar de mim?

Essas são perguntas que precisam de respostas claras, concisas e quantificáveis. Nada de bobagens vagas como: "Somos os melhores" ou "Temos mais qualidade".

Qual é a vantagem singular que você oferece? A singularidade não precisa estar no produto em si. Na verdade, é razoável afirmar que existem pouquíssimos produtos verdadeiramente únicos. A singularidade pode estar na forma de embalar, entregar, prestar assistência ou até mesmo vender.

É preciso posicionar o que você faz de modo que, mesmo que seu concorrente fique do outro lado da rua, os clientes atravessem para fazer negócio com você.

Faça muito bem-feito, e talvez até haja filas na sua porta de madrugada, e não na do seu concorrente. Como é o caso da Apple.

Como entrar na mente do seu prospecto

Nosso objetivo é entrar na mente do prospecto. O que ele quer de verdade? É raro que seja aquilo que você vende: costuma ser, na verdade, o *resultado* daquilo que você vende. Essa diferença pode parecer sutil, mas é importante.

Por exemplo, quem compra um relógio de 100 reais está comprando algo bem diferente de quem compra um relógio de 100 mil reais. Neste caso, compram-se status, luxo e exclusividade. Claro, a pessoa quer que o relógio informe corretamente as horas, assim como o comprador do relógio de 100 reais, mas é improvável que essa seja a motivação principal.

Por exemplo, se você for uma gráfica, seu negócio é uma *commodity*. O ideal é mudar o mais rápido possível esse status. Não quero dizer sair do setor, mas que você precisa mudar a forma de se posicionar.

Pare de vender cartões de visita, folhetos e impressões. Comece a fazer perguntas abertas, do tipo "O que o traz a uma gráfica? O que você quer realizar?". O prospecto não quer cartões de visita e folhetos, e sim o resultado que ele espera que os cartões de visita e folhetos tragam para o negócio dele.

Então, você poderia sentar-se com eles e perguntar: "O que você está tentando realizar? Vamos fazer uma consultoria gráfica e avaliar tudo que você deseja imprimir." Conduzindo o prospecto ao longo do processo, você pode cobrar uma consultoria gráfica. Depois, se ele acabar contratando você para realizar os serviços gráficos, você pode transformar essa tarifa de consultoria em impressão. Dessa forma, você deixa de ser visto como uma simples gráfica. Passa a ser visto como um consultor de confiança, que atende às necessidades do cliente.

Se você o deixar confuso, vai perdê-lo

Compreenda que seu prospecto tem, basicamente, três opções:

1. Comprar de você.
2. Comprar do seu concorrente.
3. Não comprar.

Mesmo que você ache que seu maior problema é seu concorrente, na verdade é mais provável que seja a luta contra a inércia. Portanto, primeiro responda "por que eles devem comprar?". Depois, "por que eles devem comprar *de você*?".

Vivemos em uma geração dinâmica, de Instagram e TikTok, de frases curtas, que lida com milhares de informações todos os dias. A importância de elaborar uma mensagem coerente e que cause impacto imediato nunca foi tão importante.

Você consegue explicar seu produto e seus benefícios únicos em uma única frase curta?

Tenha em mente esse conceito muito importante: confusão significa vendas perdidas, e isso é particularmente verdadeiro quando se vende um produto complexo. Muitos empresários pensam, equivocadamente, que um cliente confuso vai buscar esclarecimentos ou entrar em contato para mais informações. Nada poderia ser mais distante da realidade. **Quando você o confunde, você o perde.**

Lembre-se de que somos bombardeados o tempo todo com muitas opções e informações e raramente temos motivação suficiente para lidar com mensagens confusas.

Como ser notável quando você vende um produto sem diferencial

Como cobrar preços altos por seus produtos e serviços e ao mesmo tempo fazer o cliente agradecer por isso? Resumindo: sendo notável.

Quando digo isso aos empresários que oriento, a primeira coisa que muitos deles resmungam baixinho é algo como "falar é fácil". Talvez a reação seja essa porque ser notável desperta imagens de coisas inatingivelmente únicas ou criativas — coisas que só gente com muito mais talento faz.

O dono do café diz: "Cara, eu só vendo café. Como é que eu vou ser notável?" Isso suscita uma pergunta frequente: como ser notável quando você vende um produto sem diferencial?

Quando me refiro a "ser notável", não estou necessariamente querendo dizer que o produto ou serviço que você vende é sem igual. Longe disso. Na verdade, ser único é uma posição perigosa, complicada e custosa de se estar. No entanto, você precisa ser diferente. E, voltando ao nosso dono de café, como ele pode ser diferente? Dê uma olhada nisto:

Qual foi o custo extra para este café servir seus expressos com arte? Quase zero, suponho. Talvez um pouco de treinamento extra para o/a barista e alguns segundos a mais para servir cada xícara.

Porém, para quantas pessoas cada cliente vai contar, ou melhor ainda, quantas ele vai levar até o café para mostrar? O dono do estabelecimento poderia cobrar cinquenta centavos a mais por xícara do que o outro café da rua? Com certeza. São cinquenta centavos de lucro limpo multiplicados por milhares de xícaras por ano, direto no balanço final.

E, no entanto, esse produto é único? Nem de longe! Ele é ligeiramente diferente, apenas o bastante para ser notável.

Eis outro exemplo. A maioria dos sites de comércio eletrônico envia o mesmo e-mail chato de confirmação quando você compra algo. Alguma coisa como: "Seu pedido foi enviado. Por favor, informe caso tenha algum problema com a sua entrega. Obrigado pela sua compra."

Veja, porém, o caso da CD Baby, uma distribuidora on-line de música independente, que, em vez do e-mail típico e chato de confirmação, criou uma experiência notável para o consumidor e uma oportunidade de marketing viral:

Seu CD foi gentilmente retirado das prateleiras da CD Baby com luvas esterilizadas, livres de contaminação, e colocado em uma almofada de seda.

Foi conduzido até uma equipe de cinquenta empregados que inspecionou e poliu seu CD, de modo a enviá-lo nas mais perfeitas condições.

Nosso especialista em embalagens, vindo do Japão, acendeu uma vela, e fez-se um súbito silêncio quando ele colocou seu CD na mais refinada caixa folheada a ouro que o dinheiro pode comprar.

Em seguida, fizemos uma linda festa, e o grupo todo marchou pelas ruas até o correio, onde a cidade inteira de Portland veio desejar "Bon Voyage!" ao seu pacote, que está a caminho, hoje, sexta-feira, 6 de junho, no jatinho particular da CD Baby.

Espero que você tenha se divertido comprando conosco. Nós certamente nos divertimos preparando sua encomenda e sua foto está na nossa parede como "Cliente do Ano". Estamos todos exaustos, mas mal podemos esperar seu retorno a CDBABY.COM!!

Esse e-mail de confirmação de pedido foi encaminhado milhares de vezes e postado em incontáveis blogs e sites. Derek Sivers, o fundador da CD Baby, atribui a essa notável mensagem de confirmação de pedido a geração de milhares de novos clientes.

Novamente, não há nada de único no produto, mas a transformação de algo banal e chato em algo divertido e que faz o cliente sorrir cria um marketing viral gratuito para a empresa.

Eis mais um exemplo de outro setor altamente competitivo e "comoditizado": os eletrônicos.

Quando a Apple lançou seu lendário iPod, poderia ter apregoado a capacidade de armazenamento de cinco gigabytes, ou outras características técnicas, como todos os outros fabricantes de players musicais da época faziam. Em vez disso, porém, qual foi o *pitch* do produto?

"1.000 músicas no seu bolso"

Genial! Assim como qualquer outro jargão técnico, dizer "cinco gigabytes" não significa nada para a maioria dos consumidores, mas "1.000 músicas no seu bolso" — e as vantagens que isso oferece — é uma mensagem que qualquer um entende de cara.

O iPod estava longe de ser o primeiro player musical portátil no mercado, e não era nem mesmo o melhor, mas foi de longe o mais bem-sucedido graças à capacidade da Apple de resumir de forma rápida e prática a principal razão de compra.

Perceba, nesses três exemplos, que o produto em si é uma *commodity*. O que o torna notável é algo totalmente periférico em relação ao que se está comprando.

No entanto, o vendedor pode cobrar, e cobra, um preço mais alto por estar vendendo uma experiência notável. Não apenas o cliente está feliz em pagar por esse *plus*, como também recompensa o vendedor, espalhando a boa-nova sobre seu produto ou serviço. Por quê? Porque todos nós queremos compartilhar coisas e experiências notáveis.

O que você pode fazer de notável em seu negócio? Ter clareza em relação a isso trará um forte impacto no sucesso da sua empresa.

Preço mais baixo

Às vezes me perguntam: "Preço mais baixo pode ser a minha USP?" É claro que pode, mas você tem como garantir 100% que tudo que vende terá um preço mais baixo do que o de todos os seus concorrentes, inclusive gigantes como redes de supermercado e lojas de departamento?

Meu conselho é: sempre haverá alguém disposto a ir à falência mais rápido que você. Sugiro não jogar esse jogo.

Uma USP que promete preços mais baixos nem sempre é tão atraente assim.

O fato é que, caso você seja uma pequena ou média empresa, é improvável que suplante os grandes atacadões no jogo do preço mais baixo.

E, verdade seja dita, é até melhor que não suplante mesmo. Ao cobrar preços mais altos, você atrai clientes de qualidade. Por mais paradoxal que pareça, clientes do topo da pirâmide causam bem menos dor de cabeça do que os da base. Já vi e vivenciei isso em empresas de diversos setores.

Uma opção melhor que dar descontos é aumentar o valor da oferta. Incluir bônus, acrescentar serviços, personalizar as soluções, tudo isso pode ter valor genuíno para o seu cliente, a um custo baixíssimo.

Isso também ajuda a criar a valiosa comparação "maçãs com bananas", que tira você do jogo dos produtos sem diferencial.

Não odeie o jogador; odeie o jogo. Por isso, por mais que seja difícil resistir, evite jogar o jogo do preço e do produto sem diferencial. Elabore sua USP, entregue o que promete e faça quem trata com você jogar o seu jogo, seguindo as suas regras.

Crie seu "papo de elevador"

Como empresário, ser capaz de explicar de forma sucinta qual problema você resolve é uma verdadeira arte, sobretudo quando se está em um setor complexo.

Uma ótima maneira de destilar sua USP é elaborar um "papo de elevador". O papo de elevador é um resumo muito sucinto e bem ensaiado da sua empresa e da sua proposta de valor, que pode ser verbalizado no tempo de uma viagem de elevador; em outras palavras, de trinta a noventa segundos.

Sim, é brega, e muitas vezes pode ser que você nunca chegue a usá-lo, de fato, como papo de elevador, mas pode ajudar muito a deixar clara sua mensagem e sua USP. Esse argumento se torna extremamente valioso na hora de elaborar sua oferta, o que veremos em breve.

Os trinta segundos depois da pergunta "O que você faz?" estão entre as oportunidades de marketing mais comumente desperdiçadas. A resposta é quase sempre focada no próprio umbigo, confusa e sem sentido.

É nessa hora que muitos respondem com o cargo de título mais sonoro que conseguem inventar, por achar que a opinião de quem pergunta sobre seu valor depende da resposta. "Sou técnico em gestão de resíduos", diz o gari.

Certa vez perguntei a uma mulher em que ela trabalhava, e ela respondeu: "Sou construtora sênior de eventos." Ainda sem entender o que ela fazia, continuei perguntando até que cheguei à conclusão de que ela era responsável pelos assentos em shows e grandes eventos em estádios.

Embora seja verdade que pessoas rasas julgam o valor dos outros pelo cargo ou pelo tipo de negócio, existe um jeito muito melhor de responder a essa pergunta, um jeito que não exige que você esquadrinhe o dicionário em busca de inflar ou esconder com palavras o que você realmente faz.

Da próxima vez que alguém perguntar como você ganha a vida, encare isso como a deixa para você soltar seu papo de elevador. Essa é a oportunidade perfeita para dar seu recado de marketing, de maneira constante, em muitos ambientes diferentes.

Obviamente, o ideal é não parecer um representante de vendas chato, que quer empurrar coisas. Por isso, é importante estruturar seu papo de elevador de maneira adequada. A maioria dos papos padece do mesmo problema dos cargos inflados. Esse discurso deixa o destinatário confuso ou pensando "nossa, que mala!", em vez de obter o efeito pretendido, que é impressioná-lo.

O marketing ruim é altamente focado em si e no produto. **O marketing bom, principalmente o marketing de resposta direta, é sempre focado no cliente e no problema/solução**, e é exatamente isso que queremos que seja o nosso papo de elevador. Queremos ser lembrados pelo problema que resolvemos, e não por um cargo ou tipo de negócio impressionante, mas incompreensível.

O marketing bom leva o prospecto a uma jornada que inclui o problema, a solução e, por fim, a prova. Seu papo de elevador tem que seguir esse raciocínio.

Então, de que forma comunicar com eficiência esses três componentes em um intervalo de aproximadamente trinta segundos? A melhor fórmula que eu conheço é:

Sabia que [problema]? Pois bem, o que eu faço é [solução]. Na verdade, [prova].

Eis alguns exemplos:

Venda de seguros: "Sabia que a maioria das pessoas raramente faz uma revisão da cobertura do seguro quando as circunstâncias mudam? Pois bem, o que eu faço é ajudá-las a ter paz de espírito, garantindo que a cobertura do seguro sempre case com a situação de vida atual delas. Na verdade, semana passada mesmo um dos meus clientes foi assaltado, mas conseguiu recuperar o custo integral dos itens perdidos porque a cobertura estava em dia."

Engenharia elétrica: "Sabia que nas grandes empresas acontecem apagões que derrubam sistemas essenciais? Pois bem, o que eu faço é instalar sistemas de backup de energia em empresas que dependem de fornecimento contínuo para operar. Na verdade, acabei de instalar o sistema do Banco XYZ, o que fez com que eles tivessem 100% de tempo de operação desde então."

Desenvolvimento de sites: "Sabia que a maioria das empresas está com o site desatualizado? Pois bem, o que eu faço é instalar software que facilita a atualização automática da plataforma, sem necessidade de pagar por um desenvolvedor toda vez. Na verdade, acabei de instalar esse software para a [nome da empresa], e eles economizaram 2 mil reais por ano em custo de desenvolvimento."

Temos assim uma fórmula confiável para elaborar seu papo de elevador, mantendo-se focado no cliente/problema, e não em você/produto.

Como elaborar sua oferta

Esta parte é absolutamente crucial, e aqui muita gente fica com preguiça e opta por oferecer algo chato como um desconto ou copia a tática do concorrente mais próximo.

Lembre-se: se você não der ao público-alvo ideal uma razão convincente para acreditar que sua oferta é diferente, ele vai usar o preço como principal critério para tomada de decisão. Afinal de contas, se o vendedor A vende maçãs por um real e o vendedor B vende aparentemente as mesmas maçãs por um e cinquenta, de quem você compraria com base nas informações à sua disposição?

Seu trabalho é criar uma oferta empolgante e radicalmente diferente daquela dos seus concorrentes.

Duas ótimas perguntas a cogitar quando você está elaborando sua oferta são:

1. De todos os produtos e serviços que você oferece, quais você tem mais confiança de entregar? Por exemplo, se você fosse pago apenas se o cliente tivesse o resultado desejado, qual produto ou serviço você ofereceria? Reformulando: qual problema você tem certeza de ser capaz de resolver para um indivíduo do seu público-alvo?
2. De todos os produtos e serviços que você oferece, quais lhe dão mais prazer entregar?

Outras perguntas que podem ajudá-lo a elaborar sua oferta:

- O que meu público-alvo está realmente comprando? Por exemplo, na verdade ninguém compra um seguro: a pessoa compra paz de espírito.

- Qual é o maior benefício que eu devo oferecer de cara?
- Quais são as palavras e expressões com maior carga emocional, que captam e prendem a atenção desse mercado?
- Que objeções meus prospectos podem apresentar e como vou resolvê-las?
- Que oferta irrecusável (incluindo garantia) eu posso propor?
- Há alguma história que eu possa contar que desperte curiosidade?
- Quem mais está vendendo algo parecido com meu produto e serviço, e de que forma?
- Quem mais tentou vender a este público-alvo algo semelhante, e como essa tentativa fracassou?

Uma das principais razões pelas quais as campanhas de marketing não dão certo é uma oferta preguiçosa e mal pensada. Coisas fracas e desinteressantes, como descontos de 10% ou 20%.

Lembre-se de que a oferta é uma das partes mais importantes da campanha e você precisa gastar boa parte do seu tempo e energia estruturando-a corretamente.

O que meu público-alvo quer?

Colocar a coisa certa diante do público errado ou a coisa errada diante do público certo é um dos principais erros cometidos por empresários ao começar a fazer marketing.

É por isso que o primeiro, e possivelmente o mais importante, quadrado do Plano de Marketing de 1 Página é identificar um público-alvo específico.

Tendo essa base definida, a ideia é estruturar uma oferta que desperte o entusiasmo do público-alvo. Uma que os deixe prontos para sacar a carteira e que se destaque das ofertas chatas e preguiçosas dos concorrentes.

Um dos métodos mais fáceis de descobrir o que o seu prospecto quer é perguntar, o que pode ser feito com um questionário ou uma pesquisa de mercado mais formal.

Também deve-se notar que a maioria das pessoas não sabe o que quer até que lhes seja apresentado. Além disso, quando elas respondem a questionários ou a pesquisas de mercado, raciocinam de maneira lógica; porém, **compras são feitas com emoções, ou ganham uma justificativa racional posteriormente**. Por isso, você precisa reforçar esse questionamento com observações.

Caso você perguntasse no mercado de carros de luxo o que as pessoas querem, provavelmente elas dariam respostas lógicas (e falsas, ou parcialmente falsas), como "qualidade", "confiabilidade", "conforto", quando, na verdade o que elas realmente querem é status.

Costuma-se atribuir a Henry Ford uma frase que resume bem essa ideia: "Se eu tivesse perguntado às pessoas o que elas queriam, elas teriam respondido: 'Cavalos mais rápidos.'"

Uma das formas de fazer pesquisa de mercado que eu recomendo é analisar aquilo que seu público-alvo de fato está comprando ou buscando. Analise produtos e categorias que sejam tendência em mercados como a Amazon e o eBay. Outro método excelente pode ser a análise de perguntas em mecanismos de busca, com ferramentas como o AdWords do Google.

Por fim, veja quais tópicos são tendência nas redes sociais e nos sites de notícias do seu setor. O que as pessoas estão comentando? O que as faz reagir?

Usar essas ferramentas é quase como recorrer a uma "consciência global", que lhe dará uma boa ideia daquilo que atualmente está sendo demandado, falado e pensado.

Crie uma oferta irresistível

Agora que você já sabe o que o seu mercado quer, é hora de empacotar e apresentar isso como uma oferta irresistível. Eis alguns dos elementos essenciais:

Valor: Primeiro pense: qual é a coisa mais valiosa que você pode fazer pelo seu cliente? Qual é o resultado que o leva do ponto A para o ponto B? Por onde você pode conduzi-lo para conseguir um bom lucro?

Esse é, na verdade, o cerne da sua oferta.

Linguagem: Se você não fizer parte do seu público-alvo, precisa aprender a linguagem e o jargão que ele usa. Se estiver vendendo bicicletas BMX, precisa saber o que é um *nose manual*, um *wheelie* ou um *bunny hop*, e não características, vantagens e especificações. Se você está vendendo tacos de golfe, precisa entender de *hooks*, *slices* e *handicaps*.

Motivo: Quando você tem uma oferta excelente, precisa justificá-la. As pessoas estão tão acostumadas a ser enganadas que, quando alguém faz uma oferta robusta e cheia de valor, elas ficam desconfiadas e procuram qual é a pegadinha.

Eu mesmo passei por isso com uma das minhas empresas. Como nós oferecíamos um serviço muito melhor que nossos concorrentes, cobrando mais ou menos a metade do preço, as pessoas não paravam de ligar para repassar a oferta apresentada no site, perguntando qual era o truque.

Não estou sugerindo que você invente motivos para sua oferta, e sim estar preparado para dar uma explicação sólida para oferecer um ótimo negócio: por exemplo, escoar estoque antigo, peças com pequenos defeitos, mudança de sede ou de depósito e coisas do tipo.

Valor acumulado: Acumular vários bônus pode tornar sua oferta irrecusável. É uma jogada bastante inteligente, que pode aumentar drasticamente as "conversões". Na verdade, eu defendo, sempre que possível, tornar os bônus mais valiosos até do que a própria oferta principal. Os "infomerciais" fazem isso muito bem: "Seus problemas acabaram!", "E tem mais!", e assim por diante.

Upsells: Quando seu prospecto está "quente", e com disposição para comprar, eis o momento certo para oferecer um produto ou serviço complementar. Trata-se da oportunidade perfeita para promover um item com margem elevada, mesmo que o produto básico que você esteja vendendo tenha margem baixa. É a batata frita que vai com o hambúrguer, a garantia estendida, o tratamento contra ferrugem depois do polimento do carro. Tudo isso entrega valor adicionado ao cliente e lhe dá um lucro maior por transação.

Plano de pagamento: É absolutamente crucial para itens de "tíquete alto" e pode representar a diferença entre o consumidor desistir e ir embora ou fechar a venda.

Quando uma coisa custa 5 mil, apresentá-la em doze simples parcelas de 497,00 torna o preço um comprimido bem mais fácil de engolir. Em geral, as pessoas pensam nas próprias despesas numa base mensal, e 497,00 por mês parecem bem mais fáceis do que 5 mil de uma vez só.

Além disso, note que 12 x 497,00 totalizam bem mais de 5 mil. Na verdade, dá quase 6 mil. A razão principal para cobrar com juros é cobrir seus custos financeiros, caso você esteja financiando a venda.

Em segundo lugar, o ideal é sempre oferecer um "desconto" para quem puder pagar à vista.

Garantia: Como discutido anteriormente neste capítulo, é bom ter uma garantia imbatível. Uma que reverta totalmente o risco de fazer negócio com você. As pessoas sofreram tantas decepções que não vão confiar no que você apregoa. Não é nada pessoal; é só assim que as coisas são. Torne a transação com a sua empresa isenta de riscos, uma transação em que *você* assume o risco caso não consiga cumprir o prometido. "Satisfação garantida" é fraco e ineficaz.

Escassez: Sua oferta precisa ter um elemento de escassez, um motivo que faça as pessoas responderem imediatamente. O ser humano reage muito mais ao medo de perder do que à perspectiva de ganhar. Porém, uma vez mais, é preciso ter uma boa razão pela qual essa escassez existe, já que o ideal é não mentir ao fazer uso do argumento.

Você tem estoque limitado, tempo limitado, recursos limitados. Use isso a seu favor no marketing. Se você tiver uma contagem regressiva de tempo ou de estoque disponível, isso pode estimular ainda mais o sentimento de "medo de perder".

Como você viu, há vários elementos para compor uma oferta atraente. Pegar o caminho preguiçoso e irrefletido do "10% de desconto" ou das ofertas igualmente sem valor é como jogar no lixo sua verba de marketing.

Não se apresse para elaborar uma oferta convincente e bem bolada. Sua taxa de conversão vai disparar, assim como sua receita.

Mire onde dói

Você está com uma dor de cabeça de rachar. Abre o armário de remédios e começa a vasculhar seu museu de comprimidos, cremes e vitaminas abertos, até que descobre não ter absolutamente nenhum analgésico. Então, você corre até a farmácia da esquina na esperança de encontrar o medicamento que lhe dará o alívio tão desesperadamente necessário.

Você se preocupa com preço? Chega a passar pela sua cabeça a ideia de pesquisar preços e ver se poderia comprar o mesmo produto mais barato em outra farmácia? É improvável. Você está morrendo de dor e precisa de alívio imediato. Se o medicamento custa o dobro ou o triplo do normal na farmácia mais próxima, provavelmente você o comprará mesmo assim.

Nosso padrão de compra normal desce pelo ralo quando sentimos dor. Isso também se aplica a seus clientes e prospectos. Quantas vezes as empresas falam de características e vantagens em vez de se comunicar com a dor que o cliente já está sentindo? De quanto poder de argumentação um farmacêutico necessita para convencer alguém cuja cabeça está explodindo a comprar um analgésico? Pouquíssimo, suspeito.

Isso vale para quem vende TVs, carros ou consultorias. Você tem prospectos e clientes sentindo dores. Eles querem alívio, e não características e vantagens. Se você estiver vendendo uma TV para mim, pode apregoar características e vantagens, dizendo que o aparelho tem quatro entradas HDMI e resolução 4K. Mas saiba que, para a maioria das pessoas, isto significa muito pouco. Imagine, em vez disso, que você mire onde dói para mim, que é levá-la para casa, tirá-la da caixa e passar um número enlouquecedor de horas tentando fazê-la funcionar corretamente com todos os outros aparelhos da casa.

Em vez de dar descontos e se posicionar como uma *commodity*, por que não oferecer entrega em domicílio, instalação na parede, garantia de uma qualidade de imagem espetacular e sincronização impecável com todos os outros periféricos da casa? Agora você está aliviando minha dor, e o preço se torna menos importante do que se você estivesse vendendo uma *commodity* com toda uma lista de características e vantagens.

No exemplo anterior, mesmo que você esteja vendendo exatamente a mesma TV que seu concorrente, se empacotá-la de um jeito que elimina minha dor, você ganhou minha decisão. É muito mais provável que eu me torne um entusiasta da empresa e indique você a outras pessoas, porque você não é apenas o vendedor de uma *commodity*. Você é o solucionador de um problema. Agora, é uma comparação de maçãs com bananas. Como comparar isso com "tem quatro entradas HDMI e resolução 4K"?

Vender características e vantagens é a melhor forma de transformar seus prospectos em pesquisadores de preços, em indivíduos que enxergam seu produto apenas como uma *commodity* comprada com base exclusivamente no preço. Seu objetivo é fugir disso e se tornar um solucionador de problemas e aliviador da dor, transformando qualquer comparação com seus concorrentes em uma comparação de maçãs com bananas. Lembre-se: as pessoas estão muito mais dispostas a pagar pela cura do que pela prevenção. Mirar na dor existente, em vez de prometer satisfação futura, resultará em uma taxa de conversão muito mais alta, muito mais satisfação do cliente e uma menor resistência ao preço. Procure onde dói no seu setor e torne-se a fonte de alívio.

Redação de vendas: tédio não vende

Quase nenhuma outra competência é mais recompensadora que a capacidade de escrever com persuasão. Ser capaz de articular com clareza por que um prospecto precisa comprar de você, e não dos seus concorrentes, de forma a criar emoção e motivá-lo a agir, é a habilidade máxima do marketing.

Anteriormente, neste livro, comentamos que o marketing de resposta direta usa técnicas de redação bem distintas. Nele, usamos textos pensados para apertar o botão vermelho da emoção no público-alvo.

Em vez de usar textos convencionais, chatos, que soam "profissionais", usamos um estilo semelhante a um acidente de carro na estrada: por mais que não queira, você não consegue deixar de olhar.

O estilo de resposta emocional direta usa chamadas que prendem a atenção, um texto fortemente vendedor e uma chamada para ação poderosa. É o que denominamos "vendedor impresso".

Muitas empresas, sobretudo as que vendem produtos e serviços para pessoas jurídicas ou profissionais liberais, acham que esse estilo não é apropriado para seu mercado. E, embora seja verdade que o método deva ser adaptado (como faríamos com qualquer público-alvo), seria um enorme equívoco descartar o estilo de resposta direta emocional.

Quer você seja o presidente de uma das empresas entre as 500 Fortune Global ou funcionário da equipe de serviços gerais, todos nós somos uma pilha de emoções, e nossas decisões de compras são tomadas primeiro com emoção e depois com lógica. "Meu bem, comprei aquele Porsche 911 por causa da segurança e da confiabilidade dos carros alemães." Aham, claro.

Muitas e muitas vezes, ao conversar pessoalmente com empresários, descubro que a personalidade deles é completamente diferente da que eles exibem no marketing da empresa. Verdade seja dita: a maioria não exibe personalidade alguma no marketing por achar que é preciso ter uma cara "profissional". Em geral, o marketing dessas empresas é sem graça e genérico, e se você tirasse o nome e o logo de seus materiais, eles poderiam ser de qualquer outra empresa do mesmo setor. É uma grande pena, porque, se esses empresários se comunicassem no marketing da mesma forma que fazem pessoalmente, teriam muito mais sucesso.

Muitas vezes os empresários são pessoas altamente inteligentes, interessantes de ouvir e apaixonadas pelo que fazem. Mas, quando o assunto é redação de marketing e argumento de vendas, é como se travassem. De uma hora para outra, tentam parecer "profissionais" e começam a usar palavras e expressões escorregadias, que nunca usariam em uma conversa informal. Você sabe a que tipo de palavras e expressões estou me referindo: "produtos de primeira linha", "sinergia", "alinhamento estratégico", e assim por diante. Palavras que nunca seriam ouvidas em uma conversa casual com amigos ou colegas.

O fato é: gente compra de gente, e não de empresas. No mundo da venda direta ao consumidor, sabe-se bem da importância de construir uma relação, porém, por algum motivo, quando se assume a posição de profissional de marketing, em que uma única pessoa vende para muitas outras, os donos de empresas acham que precisam deixar de lado a personalidade e se comportar como uma entidade sem rosto. A redação publicitária é a venda em forma impressa. É essencial que seus textos de vendas pareçam estar falando diretamente com uma única pessoa.

Usar um estilo monótono, entediante, "profissional", é o caminho mais rápido para afastar o interesse dos seus clientes e prospectos. Chavões sem sentido e alegações de que você é o maior fornecedor do seu setor fazem com que você pareça só "mais um". Empresas "mais um" atraem os clientes de "mínimo denominador comum", ou seja, pessoas que compram por necessidade, com base no preço, já que não há nada que o diferencie.

As pessoas adoram autenticidade, personalidade e opinião. Mesmo que não concordem com você, certamente vão respeitá-lo por ser autêntico e aberto. Ser você mesmo e expor sua personalidade vai ajudá-lo a se destacar em um mar de mesmice e monotonia.

Basta olhar para um dos formatos mais constantes e duradouros da televisão — o apresentador de TV. Por que se passa tanto tempo mostrando a cara do apresentador? Usar sua voz em off permitiria exibir muito mais conteúdo e imagens de reportagens. O motivo é que isso acrescenta personalidade a assuntos muitas vezes insípidos. Também confere autoridade e a impressão de uma conversa olho no olho com uma fonte confiável. As pessoas reagem a fotos e imagens de outras pessoas. Não é por acaso que o YouTube e o Facebook estão entre as marcas digitais mais valiosas do mundo. Temos um interesse extremo naquilo que outras pessoas fazem e dizem.

E você pode tirar proveito disso facilmente no seu negócio. Um exemplo é acrescentar um vídeo ao seu site. Pode ser simples como um vídeo de você mesmo descrevendo seus produtos e serviços, algo que você pode gravar e subir no espaço de cinco minutos usando uma câmera simples ou até um celular. Outro exemplo é usar as redes sociais como um meio de comunicação de mão dupla para falar com clientes e prospectos. Esses dois exemplos apenas já criam uma conexão mais profunda, porque você acrescenta personalidade ao seu negócio.

Não use seu material de marketing como uma máscara — não se esconda atrás dele. Use-o para dar opiniões, ideias, conselhos e fazer comentários, e, acima de tudo, seja você mesmo, autêntico. Isso vai provocar uma conexão instantânea e vai diferenciá-lo de todo o material de marketing chato e sem graça à sua volta.

As pessoas abrem correspondências em cima do cesto de lixo ou já ficam com o dedo em cima do ícone de apagar enquanto leem os e-mails na caixa de entrada. Elas separam a correspondência em duas pilhas: a primeira é aberta e lida, enquanto a segunda vai para o lixo, às vezes sem sequer ser aberta. Todos anseiam por coisas novas, algo que as divirta, algo diferente. Quando você lhes dá isso, ganha a atenção. Quando seu texto é "profissional", é visto como chato, monótono e, por consequência, é ignorado. Mas fato é que a maioria das empresas tem medo de enviar textos que chamem a atenção. Tem medo daquilo que amigos, parentes, colegas de setor e outras pessoas vão pensar e dizer. Por isso, elas enviam e-mails e anúncios tímidos e que são apenas "mais um" entre muitos.

Meu conselho é: existe só uma opinião com a qual você precisa se preocupar — a dos seus clientes e prospectos. A opinião de mais ninguém, inclusive a sua, deveria influir naquilo que você coloca em seu material de vendas. Testar e medir a resposta é a única forma verdadeira de avaliar a efetividade do seu texto.

As pessoas vivem em um estado de desespero silencioso, totalmente ansiosas por algo que as atraia ou divirta, mesmo que apenas por um instante. Sua missão é oferecer isso a elas.

As características de um ótimo texto

É incrível como alterar uma única palavra ou expressão pode mudar drasticamente a eficácia de um anúncio. Existem algumas palavras extremamente poderosas, que apertam os botões de alarme emocionais. Pense, por exemplo, nas três palavras abaixo:

1. Animal.
2. Peixe.
3. Tubarão.

Qual dessas três desencadeia a maior resposta emocional em você? Eu desconfio que seja a última. No entanto, todas as três poderiam ser usadas para descrever a mesma criatura. A mesma coisa vale para palavras que você usa na redação publicitária. Algumas palavras suscitam uma reação emocional maior do que outras. Eis apenas uma pequena amostra das palavras que atraem mais comuns:

- Grátis.
- Você.
- Poupe.
- Resultados.
- Saúde.
- Amor.
- Comprovado.
- Dinheiro.
- Novo.
- Fácil.
- Segurança.
- Garantido.
- Descoberta.

A troca de uma palavra específica na chamada pode alterar drasticamente os resultados obtidos. Lembre-se sempre: **as pessoas primeiro compram com a emoção e depois tentam justificar com a lógica**. Tentar vender para a parte lógica do cérebro com fatos e números é um total desperdício de tempo.

Os cinco maiores motivadores do comportamento humano, sobretudo o comportamento de consumo, são:

1. Medo.
2. Amor.
3. Cobiça.
4. Culpa.
5. Orgulho.

Se seu texto publicitário não tiver pelo menos um desses cinco gatilhos emocionais, então provavelmente é tímido demais e não trará resultado.

A chamada é um dos elementos mais importantes em seu texto publicitário. Sua função é prender a atenção do público-alvo e fazê-lo começar a ler o texto principal. Basicamente, a chamada é o anúncio do anúncio e deve abarcar o resultado pessoal que seu leitor obterá. Você vai usar chamadas com frequência no marketing quando redige o assunto de um e-mail ou o título de uma *newsletter* de vendas ou de um site. Eis uma pequena amostra de chamadas de algumas das mais bem-sucedidas campanhas publicitárias da história:

- Eles riram quando eu me sentei ao piano — mas quando eu comecei a tocar...
- Alguém mais quer ter uma silhueta de estrela de cinema?
- Incrível segredo descoberto por golfista de uma perna só aumenta sua tacada em 50 metros, elimina *hooks* e *slices* e pode reduzir sua volta em até 10 tacadas da noite para o dia!
- Confissões de um advogado cancelado.
- Já viu um homem adulto chorar?
- Carta aberta a todas as pessoas obesas de Portland.
- A vida de um filho vale 1 real para você?
- Como um estranho acidente me salvou da calvície.
- O governo congelou o saldo da sua conta bancária — e agora?
- Cometi uma loucura e virei um craque das vendas.
- Esposa de astro de cinema afirma sob juramento que seu novo perfume não contém um estimulante sexual ilícito!
- Lucros que a sua fazenda esconde.
- Provado: Médicos são mais perigosos do que armas!

Percebeu como todas essas manchetes de sucesso comprovado tocam em um ou mais dos cinco grandes motivadores do comportamento humano?

> Para uma lista de centenas das manchetes mais bem-sucedidas da história da publicidade, visite 1pmp.com

O medo, principalmente o medo da perda, é um dos botões emocionais mais importantes que você pode apertar em seu texto publicitário. Compreender como certas palavras estão relacionadas a certas emoções é de grande poder.

Muitas pessoas se incomodam ao pensar que isso talvez seja manipulador demais. Bem, como qualquer ferramenta poderosa, saber usar os botões emocionais é algo que pode ser usado para o bem ou para o mal, e sem dúvida as pessoas farão as duas coisas.

Um bisturi afiado nas mãos de um cirurgião pode ser usado para salvar uma vida; nas mãos de um criminoso, para tirá-la. Seja como for, precisamos entender como essa ferramenta poderosa funciona e provavelmente não teremos como passar a vida inteira evitando seu uso.

A mesma coisa se aplica ao texto publicitário de resposta direta emocional. Trata-se de uma ferramenta de vendas poderosa e nunca deve ser usada de forma antiética.

Caso esteja vendendo alguma coisa para o bem do seu prospecto ou cliente, você estará prestando a ele um grande serviço ao usar essa poderosa ferramenta de vendas. Estará evitando que ele compre o produto ou serviço inferior de um concorrente.

Entre no monólogo interior que já está rolando na mente do prospecto

Todos nós temos essa conversa interminável dentro da cabeça. Muitas vezes, essa conversa é chamada de "monólogo interior".

Essa conversa será bem diferente na cabeça de uma grávida ou de uma aposentada. Na cabeça de um aficionado por academia ou de uma pessoa sedentária. Em parte, por isso é tão importante conhecer bem seu público-alvo.

Um botão de alarme emocional para um tipo de público-alvo vai entrar por um ouvido e sair pelo outro de um público diferente. Por isso, o texto publicitário de resposta direta emocional não substitui a compreensão EXATA de qual é o seu público-alvo e quais são os seus gatilhos emocionais.

Antes de escrever qualquer palavra do seu texto, é preciso que se tenha íntima compreensão de como seu público-alvo pensa e fala, o tipo de linguagem que usa e ao qual responde, o tipo de cotidiano que vive e seu monólogo interior. Quais são os seus medos e frustrações? O que o anima e motiva?

A pesquisa prévia costuma ser o fator mais negligenciado na redação publicitária, e esse é o principal motivo do fracasso até mesmo de textos bem redigidos. O texto de resposta direta emocional é uma ferramenta poderosa em seu arsenal de marketing. Mas entenda que ela é parte de um processo. Portanto, pesquise, escreva, depois teste e mensure, e você estará bem à frente de 99,9% de todos os seus concorrentes.

Outra forma de entrar no monólogo interior do prospecto é falar do "elefante na sala". Ao se promover, é natural que você sempre tente apresentar a empresa sob a luz mais favorável. O problema é que isso leva a um dos erros mais comuns do marketing: abordar apenas os aspectos positivos de fazer negócio. Evitar o elefante na sala — ou seja, os riscos associados a comprar de você — é um erro de principiante.

A amígdala é a parte do nosso cérebro responsável pelo medo. É ela que rege nossas reações a eventos importantes para a nossa sobrevivência e estimula o medo para nos alertar para os perigos iminentes. Quando você é seguido à noite por um indivíduo de aparência suspeita e seu coração bate acelerado, é a amígdala fazendo seu trabalho. Isso é bom. No entanto, a amígdala no cérebro do seu prospecto também pode impedi-lo de comprar de você — e isso é ruim.

Seja você dono de um café ou de um hospital, quando um cliente em potencial cogita comprar da sua empresa, a amígdala dele faz um juízo em relação aos riscos potenciais envolvidos. O risco avaliado por essa região do cérebro pode ser banal, como um cappuccino ruim, ou grave, como morrer prematuramente em uma mesa de cirurgia. Seja como for, a avaliação de risco sempre acontecerá em segundo plano. Como empresário e profissional de marketing, você precisa ter isso em mente. Se driblar essa questão no seu marketing, você vai deixar a amígdala do cérebro do seu prospecto correr solta e, talvez, matar a venda. Considerando que a avaliação de risco acontecerá, quer você goste ou não, por que não participar dela e dar a você mesmo a melhor oportunidade de tratar de possíveis "nãos" antes que eles tenham a chance de prejudicar seu faturamento?

O método de vendas tradicional manda superar as objeções; porém, na vida real, as objeções raramente são verbalizadas. Em vez disso, em nossa sociedade bem-educada, dizemos coisas sem sentido, como "Vou pensar mais um pouco", enquanto lá dentro a amígdala está gritando "Cai fora daqui!". Parte da função de um bom texto publicitário é contar aos prospectos em potencial aquilo que seu produto e serviço NÃO faz. Há três ótimas razões para se fazer isso.

A primeira é que isso filtra as pessoas que não fazem parte do seu público-alvo ou aquelas que não se encaixariam bem naquilo que você tem a oferecer. Isso garante que não se perca tempo com prospectos de baixa qualidade e probabilidade. Também reduz o número de reembolsos e reclamações de clientes que não entenderam direito o que compraram.

A segunda razão é que a credibilidade aumenta imediatamente quando você explica ao público-alvo a quem o produto se destina. Há uma sensação de muito mais equilíbrio quando você trata dos dois lados, contando para quem o produto é e para quem não é.

Por fim, os prospectos a quem seu produto ou serviço se destina sentirão que ele é mais adequado às suas necessidades do que se você dissesse que ele serve para qualquer pessoa. Isso dá uma sensação de mais direcionamento e exclusividade.

Outra excelente forma de entrar na cabeça do seu prospecto é descobrir em quem ele põe a culpa, usando no seu texto publicitário um recurso chamado "inimigo em comum". Se você perguntar à maioria das pessoas que não atingiram o sucesso, entre as respostas mais comuns estarão:

- A crise econômica.
- O governo.
- Os impostos.
- A criação dos pais.
- A falta de apoio da família e dos amigos.
- A falta de tempo.
- A falta de dinheiro.
- A falta de oportunidade.
- A falta de instrução ou capacitação.
- O chefe injusto.

Note que só tem um culpado faltando nessa lista: a própria pessoa!

A seguir, os resultados de uma pesquisa realizada por um dos maiores jornais dos Estados Unidos sobre a "pressão do custo de vida", também conhecida como gastar demais e ganhar de menos. Note como pouca gente culpa a si própria pela situação em que se encontra.

De quem é a culpa pela pressão do custo de vida
(Primeira opção dos que responderam "em situação insustentável" ou "mal pago as contas")

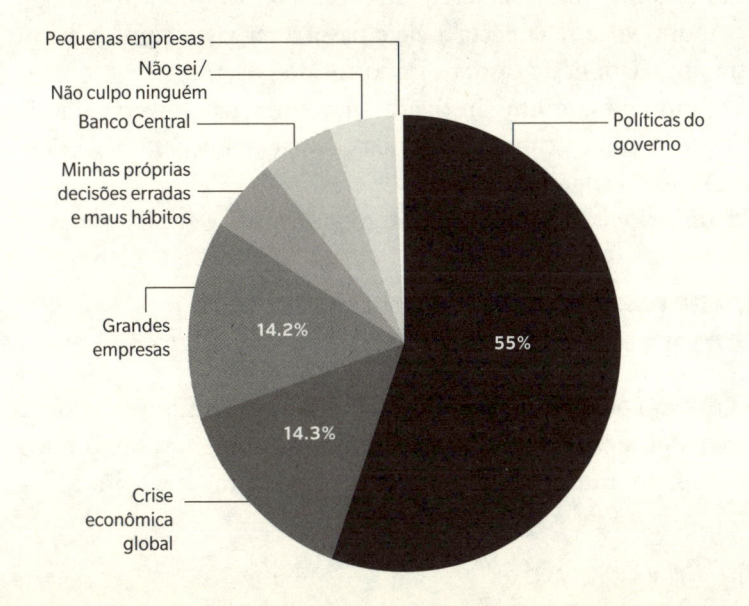

- Pequenas empresas
- Não sei/ Não culpo ninguém
- Banco Central
- Minhas próprias decisões erradas e maus hábitos
- Grandes empresas — 14.2%
- Crise econômica global — 14.3%
- Políticas do governo — 55%

Segundo o *Journal of Safety Research*,[5] 74% dos americanos acreditam que dirigem melhor que a média. Apenas 1% acredita estar abaixo da média.

Isso também acontece com a admissão da culpa. Quantas vezes você já ouviu uma criança dizer "não foi culpa minha"? Quando adultas, as pessoas se comportam de forma quase igual. A maioria de nós não acredita que não tem razão. Sabendo disso, então, o que se pode fazer? Primeiro, em seu texto publicitário, nunca culpe seus prospectos pela situação em que se encontram. Se quisermos influenciar o monólogo interior deles, nossa mensagem de marketing precisa levar em conta esses processos mentais já existentes, por mais diferentes que sejam dos nossos.

O "inimigo comum" é uma excelente forma de alavancar a mentalidade do "não é culpa minha". Pegue algo importante na lista de culpados do seu prospecto, coloque-se ao lado dele e amarre tudo na solução que você tem para oferecer. Eis um exemplo de manchete que um escritório de contabilidade poderia usar:

"Informe gratuito revela como recuperar do Leão o seu suado dinheiro"

Essa é uma excelente maneira de criar um elo com seu prospecto e ao mesmo tempo oferecer uma solução. Ao usar um inimigo em comum, você se conecta a ele e passa a ser visto como o herói contra um vilão; neste caso, os impostos do governo.

O "inimigo comum" instiga a fera, entra na conversa que já vinha ocorrendo na cabeça da pessoa e suscita emoções que já existiam abaixo da superfície.

É uma excelente forma de evitar o que é inútil e atrair a atenção.

Qual nome dar a seu produto, serviço ou empresa

Eu já tive a "conversa do nome" várias vezes com empreendedores. Em geral, ela acontece assim: pedem minha opinião sobre o novo nome (ou variantes desse nome) de um produto, serviço ou em-

---

5 *Journal of Safety Research*, v. 34, 2003.

preendimento. Em seguida, vem uma explicação do nome ou nomes que estão sendo cogitados. Minha opinião sobre nomes é a seguinte: se você precisa explicar o nome, é porque automaticamente ele fracassou. **O título tem que ser equivalente ao conteúdo.** Em outras palavras, se o nome não deixa óbvio de imediato o que é o produto, o serviço ou a empresa, então você está largando em desvantagem. Quando dou esse conselho, algumas pessoas balançam a cabeça, incrédulas. Mas e quanto a grandes marcas com nomes incomuns, como Nike, Apple, Skype, Amazon e assim por diante? Será que estou deixando passar alguma coisa ao dar um conselho tão simplista? Eis a questão: todas as grandes marcas gastaram centenas de milhões de dólares em publicidade para instruir as pessoas sobre quem elas são e o que fazem. Quanto você está disposto a pagar para fazer o mesmo?

Aqui, não estamos falando de uma publicidade que vende ou que gera *leads*. Estamos falando de uma publicidade que simplesmente conta às pessoas o que você faz. Não posso conceber um desperdício maior de dinheiro. Usando um nome não óbvio, você começa em desvantagem e depois precisa compensar, gastando um monte de dinheiro em publicidade para corrigir a situação. Tudo que você tinha que ter feito para evitar esse colossal desperdício de dinheiro era dar à sua empresa o nome de "Conserto Rápido de Encanamento", que explica de imediato o que você faz e a que se propõe, em vez de "Aqua Soluções", que obriga você a explicar depois que "aqua" significa "água" em latim e que você oferece "soluções completas em encanamento" (seja lá o que isso signif01a), daí o nome "Aqua Soluções".

Inúmeras vezes vi nomes de empresas ou produtos com sentido pouco claro. Às vezes é um trocadilho infame; outras, alguma referência literária obscura; e, em outras ainda, é alguma palavra inventada, cujo sentido só é evidente para seu criador. A verdade é que, por mais esperto que seu nome seja, pouquíssimas pessoas vão se dar ao trabalho de tentar decifrar seu significado ou origem. São coisas que podem ter importância para você, porque sua empresa é como seu bebê, mas raramente o cliente ou o prospecto lhe dão uma fração de segundo de atenção.

E pior ainda: ser "espertinho" muitas vezes cria uma confusão e atua contra o próprio patrimônio. Como tratamos anteriormente neste capítulo, a confusão põe vendas a perder. Se você confunde o cliente, perde o cliente. Simples assim. **Sempre prefira a clareza à esperteza.** Já é difícil fazer sua mensagem ser lida, entendida e transformada (no melhor dos mundos) em ação. Mas acrescentar uma confusão proposital a esse caldo, quando você é uma pequena empresa com um orçamento modesto de marketing, é loucura.

Por fim, por favor, não peça a opinião de amigos e parentes sobre seu novo nome espertinho. Eles vão, é claro, aplaudir sua ideia e elogiá-lo, o que dá uma sensação boa. Mas é improvável que isso tenha algum valor real. Não deixe de testar e buscar opiniões, mas o faça com pessoas objetivas e que integrem seu público-alvo, e não com aqueles que já sabem o que você pretende. O nome da empresa, do produto ou do serviço pode atuar a seu favor ou contra você, e mudar no meio do caminho é caro e complicado. Dedique tempo e esforço, focando, acima de tudo, na clareza.

Tarefa do Capítulo 2:

Qual é a sua mensagem para o público-alvo?

Preencha o quadrado número 2 do seu formulário do Plano de Marketing de 1 Página.

3
COMO ATINGIR OS PROSPECTOS COM MÍDIA PUBLICITÁRIA

Resumo do Capítulo 3

Mídia publicitária é o veículo que você vai usar para atingir o seu público-alvo e comunicar sua mensagem. Costuma ser o componente mais caro do marketing. Por isso, precisa ser escolhido e administrado cuidadosamente para garantir a obtenção de um bom ROI.

Entre os principais tópicos cobertos neste capítulo estão:
- Por que "colocar seu nome na praça" é uma estratégia perdedora.
- Como obter um **bom** ROI ao anunciar.
- O valor de tempo de vida de um cliente e como ele se divide entre *front end* e *back end*.
- O papel **que** as redes sociais desempenham no seu negócio.
- Como usar e-mail e correio como parte da sua estratégia de mídia.
- Como proteger seu negócio do "ponto único de **falha**".

Como atingir os prospectos com mídia publicitária

O jogo do ROI

John Wanamaker, um dos gigantes do marketing, é o autor de uma frase famosa: "Metade do dinheiro que eu gasto em publicidade é desperdício; o problema é que eu não sei qual metade."

Embora isso fosse compreensível no início do século XX, quando a frase foi dita, seria um crime afirmar isso hoje. Porém, a realidade é que a maioria das pequenas empresas faz muito pouco ou nada para rastrear sua publicidade. Não medir de onde vêm os *leads* e as vendas e não monitorar o ROI das despesas publicitárias são marcas do amadorismo. Hoje, todos temos à disposição a tecnologia para rastrear de forma rápida, fácil e barata a eficácia da publicidade.

Ferramentas como números de telefone gratuitos, análise de sites e códigos de desconto banalizaram isso. Lembre-se: **o que é mensurável é gerenciável**. Seja impiedoso com as despesas publicitárias, cortando o que desperdiça dinheiro e mantendo o que ganha. Obviamente, para saber o que está perdendo e o que está ganhando, você precisa rastrear e medir.

A mídia é, de longe, o componente mais caro dos seus gastos com marketing. Ela é a ponte que conecta sua oferta com o público-alvo. Quer você esteja usando mídias tradicionais, como rádio, TV ou impresso, ou novas mídias digitais, como as redes sociais, o SEO (*search engine optimization*, otimização dos mecanismos de busca) e o marketing por e-mail, você precisa entender as peculiaridades de cada uma.

Entrar nos detalhes técnicos de cada categoria e subcategoria de mídia vai bem além do escopo deste livro. No entanto, dou a você o seguinte conselho: contrate experts na mídia que você considerar a adequada para sua campanha: eles valem seu peso em ouro.

Não tente fazer isso por conta própria, sobretudo quando se trata da parte mais cara do seu processo de marketing. **O desconhecido VAI, sim, lhe fazer mal.** Quer você esteja usando mídias on-line, como redes sociais, e-mail ou sites, quer mídias off-line, como mala-direta, impresso ou rádio, cada uma delas tem suas idiossincrasias e tecnicidades, e é altamente improvável que você não se embanane se não tiver experiência. Seria uma tragédia acertar o público-alvo e a oferta só para ver a campanha fracassar porque você se equivocou em um detalhe técnico na sua mídia.

É comum que me façam perguntas do tipo "qual é uma boa taxa de retorno da mala-direta?" ou "que tipo de taxa de abertura eu devo esperar quando faço marketing por e-mail?". A expectativa é que eu dê uma resposta numérica. Algo do tipo: "Espere um taxa de retorno de 2% da mala-direta" ou "espere uma taxa de abertura de 20% do e-mail."

Em geral, esse tipo de pergunta vem de empresários bem-intencionados que ainda precisam criar sua infraestrutura de marketing. Minha resposta é sempre a mesma: depende. Às vezes uma taxa de retorno de 50% é um desastre, outras vezes uma taxa de retorno de 0,01% é um tremendo sucesso.

As taxas de resposta variam drasticamente em função de fatores como a relevância da mensagem para o público-alvo, até que ponto a oferta é interessante e como você chegou à lista de disparo do seu marketing. Em vez de querer saber qual deve ser uma boa taxa de retorno, que é uma questão sem sentido, a verdadeira pergunta é: "Como eu meço o sucesso da minha campanha de marketing?".

Pois então, como você mede o sucesso de uma campanha de marketing?

Para os impacientes, eis a resposta curta: a campanha de marketing rendeu mais dinheiro do que custou? Em outras palavras, qual foi o ROI da campanha de marketing? Se ela custou mais do que você ganhou (ou jamais ganhará) com a campanha, então ela fracassou. Se custou menos que o lucro auferido em razão da campanha, então foi um sucesso.

Evidentemente, algumas pessoas vão discordar e argumentar que mesmo uma campanha que perde dinheiro tem seu valor porque "colocou seu nome na praça" ou foi algum tipo de exercício de *branding*. A menos que você seja uma megamarca, como Nike, Apple, Coca-Cola ou similares, é provável que você não possa se dar ao luxo de queimar dezenas de milhões de reais em um marketing difuso do tipo *branding* ou "colocar seu nome na praça".

Em vez de "colocar seu nome na praça", você se sairá muito melhor concentrando-se em colocar o nome dos seus prospectos dentro de casa.

Gosto de pensar na verba de marketing como um "poder de fogo". Se o seu poder de fogo é limitado, é preciso usá-lo com bom senso para que sua caça seja bem-sucedida, você volte vitorioso para casa e alimente sua família. Porém, se você começar a atirar aleatoriamente para todos os lados, vai alertar e assustar suas presas. Portanto, para sair vencedor é preciso mirar bem e ser esperto.

Caso você seja uma pequena ou média empresa, precisa obter um retorno sobre seu gasto com marketing, e colocar um orçamento relativamente pequeno de marketing em iniciativas difusas tem o mesmo efeito de uma criança fazendo pipi no oceano.

O jogo desse tipo de marketing de massa/*branding*/colocação do seu nome na praça só pode ser ganho com poder de fogo da dimensão de uma bomba atômica. Se você for uma pequena ou média empresa, não está equipado para esse tipo de jogo. Sendo assim, precisamos olhar com atenção para os números.

Vamos analisar um exemplo ilustrado numericamente. Por questões de clareza, vou manter os números pequenos e arredondados.

Você prepara uma campanha de mala-direta e envia cem cartas.

O custo de impressão e envio das cem cartas é de 300 reais.

Dessas cem cartas, dez pessoas respondem (taxa de retorno de 10%).

Das dez pessoas que responderam, duas acabam comprando de você (taxa de fechamento de 20%).

A partir daí, podemos calcular um dos números mais importantes do marketing: o custo de aquisição do cliente. Neste exemplo, você adquiriu dois clientes, e a campanha lhe custou um total de 300 reais. Portanto, o custo de aquisição do cliente foi de 150 reais.

Agora, se o produto ou serviço que você vende a esses clientes rende um lucro de apenas 100 reais por venda, foi um fracasso de campanha. Você perdeu 50 reais para cada cliente adquirido nessa campanha (ROI negativo).

No entanto, se o produto ou serviço que você vende gera um lucro de 600 reais por venda, então essa foi uma campanha vencedora. Você ganhou 450 reais para cada cliente adquirido (ROI positivo).

Obviamente, este é um exemplo simplista, mas que ilustra quanto estatísticas como taxas de retorno e taxas de conversão são irrelevantes. Nossa preocupação primordial é o retorno sobre o investimento, que varia de acordo com o custo de aquisição do cliente e quanto a campanha de marketing gera efetivamente de lucro.

Uma das maiores vantagens de mirar em um nicho é que seu marketing fica muito mais barato. A publicidade com alvo acaba sendo bem menos custosa do que o marketing de massa porque há bem menos desperdício.

Se você vende retratos de bebês recém-nascidos, é muito melhor anunciar na revista *Novas Mães* do que colocar um anúncio genérico de fotografia nos classificados do jornal.

Seu custo de aquisição do cliente cairá de forma acentuada, porque sua correspondência entre mensagem e mercado é muito melhor, logo sua taxa de conversão será muito mais alta do que se você transmitisse uma mensagem genérica no seu anúncio.

Seu custo publicitário também seria menor, porque seu público-alvo é menor.

Lembre-se de que a função do anúncio é fazer seu prospecto dizer: "Ei, isso é para mim."

É improvável que tentar ser tudo para todo mundo ao mesmo tempo suscite a mesma reação.

O *front end*, o *back end* e o valor de tempo de vida do cliente

No exemplo que demos, concluímos que a campanha é perdedora se ganharmos apenas 100 reais de lucro por venda. No entanto, no mesmo exemplo, não levamos em conta outro número muito importante usado na medição do sucesso do marketing: o **valor de tempo de vida do cliente**.

Caso, no exemplo, tivéssemos ganhado 100 reais de forma direta em razão da campanha, mas o cliente continuasse a comprar conosco dali em diante, isso mudaria totalmente o cálculo financeiro da campanha. Uma campanha que parece perdedora pode, na verdade, se tornar vencedora se levarmos em conta o valor de tempo de vida do cliente.

Agora, levemos em conta o provável ganho com um cliente durante toda a permanência dele conosco. Por exemplo, digamos que você venda impressoras que exigem recarga ou um carro que exija manutenção ou alguma outra coisa que o cliente compra o tempo todo, por exemplo, corte de cabelo, massagem, seguro, acesso à internet etc.

O dinheiro que adiantamos para a campanha é chamado de *front end*. O dinheiro que ganhamos nas vendas posteriores é o *back end*. Juntos, esses números compõem o valor de tempo de vida do cliente.

O valor de tempo de vida e o custo de aquisição do cliente são dois números-chave que você precisa saber para medir a eficácia do marketing. As outras estatísticas, como as taxas de retorno e as de conversão, são inúteis em si. Elas são usadas apenas para determinar os outros dois números que, esses sim, nos dão uma imagem real do desempenho do nosso marketing.

Se você não sabe quais são esses valores em sua empresa, agora é hora de começar a medir o seu marketing e cobrar resultados. Testar, mensurar e melhorar constantemente esses valores é a forma de construir uma empresa de alto crescimento.

Sua oferta *front end* é aquela que é vista pelos prospectos (as pessoas que ainda não são seus clientes). São pessoas que não o conhecem e não têm motivo para gostar ou confiar em você. Em geral, o objetivo da oferta *front end* é gerar clientela e lucrar o suficiente com a primeira transação para pelo menos cobrir o custo de aquisição do cliente. É isso que torna a publicidade muito sustentável. O lucro real é ganho no *back end*, com a repetição da compra pelos clientes que já existem.

Às vezes faz sentido "entrar no vermelho", ou seja, perder dinheiro no *front end*, quando se tem certeza de que se vai recuperar e até ganhar mais no *back end*. Esse costuma ser o caso dos negócios por assinatura ou com alto valor de tempo de vida. Quando se desconhecem esses números, essa estratégia se torna arriscada. Por isso, não abandone a meta de fazer seu *front end* pagar o custo de aquisição do cliente até você adquirir um bom domínio do seu valor de tempo de vida. No Capítulo 8, falaremos mais do *back end* e sobre como aumentar o valor de tempo de vida do cliente. Isso pode revolucionar seu negócio e transformar campanhas perdedoras em vencedoras.

As redes sociais são uma panaceia?

Sem dúvida, a internet e as redes sociais são ferramentas revolucionárias. Elas democratizaram a informação e possibilitaram um nível de conexão sem precedentes. No entanto, há muito alarde em torno dessas "novas mídias", como costumam ser chamadas. Diante de todo esse fuzuê em torno das redes sociais, seria de supor que elas fossem uma panaceia para o marketing. Muitos "gurus" autoproclamados nas redes sociais querem fazer você acreditar que elas são o futuro de todo o marketing e que, se você não dedicar todos ou quase todos os seus recursos de marketing nesses canais, você é uma espécie de inimigo do progresso que em breve terá que fechar as portas.

Evidentemente, como acontece com tudo que vira moda, é necessário manter a cabeça no lugar para separar o que é fato do que é fake. Antes que me rotulem como inimigo das redes sociais, deixe-me esclarecer: usei esses canais em várias empresas e continuo a usá-los de forma constante.

Porém, diante de todo o frisson gerado por elas, permita-me contextualizar, ajudando você a enxergar como elas se encaixam em uma estratégia geral de marketing.

Uma campanha de marketing bem-sucedida precisa acertar em três elementos vitais:

1. **Mercado** (tratado no Capítulo 1): o público-alvo para o qual você envia sua mensagem.

2. **Mensagem** (tratada no Capítulo 2): a mensagem ou oferta de marketing que você envia.
3. **Mídia** (tratada neste capítulo): o veículo que você usa para enviar sua mensagem ao público-alvo — por exemplo, rádio, mala-direta, telemarketing, internet, TV e assim por diante.

Uma campanha bem-sucedida depende de acertar todos os três. Você precisa enviar a mensagem certa para o mercado certo através do canal de mídia certo. Errar em qualquer um desses três fatores provavelmente fará sua campanha de marketing ir pelo ralo, e entender esse enquadramento ajuda a contextualizar as coisas. As redes sociais, por definição, são um tipo de **mídia**, não uma estratégia.

Os fundamentos do marketing, comprovados pelo tempo, não mudam de uma hora para outra só porque um novo tipo de mídia surgiu. A pergunta seguinte a ser feita é: esta mídia é a certa para o seu negócio? Lembre-se: a mídia é apenas uma parte da tríade de acertos de uma campanha bem-sucedida. Todo tipo de mídia tem suas peculiaridades, e as redes sociais não são exceção. Eis algumas coisas para as quais você precisa estar atento.

Primeiramente, as redes sociais não são o ambiente ideal para vendas. Gosto de pensar nelas como uma festa ou um encontro social. Todos nós já estivemos em uma ocasião em que alguém, talvez um parente ou amigo, foi mordido pelo bichinho do marketing multinível. Sabe como é, quando a pessoa começa a apregoar os benefícios para a saúde da última pílula ou xarope e tenta vendê-los ou convencer outros a vendê-los.

Isso deixa todo mundo constrangido, porque parece uma forçada de barra, além de ser o momento impróprio para tentar vender ou ser convencido a comprar algo. As redes sociais são exatamente a mesma coisa. Promover ou fazer ofertas o tempo todo é, em geral, considerado um mau comportamento nas redes sociais e pode gerar repulsa à sua empresa, em vez de atração.

No entanto, assim como em um encontro social na vida real, as redes sociais são um ótimo lugar para gerar e ampliar relacionamentos que, mais adiante, podem se transformar em algo comercial, se as coisas se encaixarem. Uma das coisas de maior valor que eu enxergo nas redes sociais é a capacidade de mensurar as emoções do consumidor em relação à sua empresa e de relacionar-se com clientes mais expressivos, que elogiam ou reclamam nos fóruns públicos.

Um benefício colateral disso é a "prova social". Ser acessível e responder às críticas ou elogios, engajando-se com os clientes, gera prova social e dá, tanto aos prospectos quanto aos clientes, a sensação de estar tratando com seres humanos, e não com uma corporação sem rosto. Lembre-se: gente compra de gente.

As redes sociais têm duas armadilhas potenciais.

Primeiro, elas podem ser um sumidouro de tempo. A sensação de que é preciso responder a cada comentário inócuo é desgastante e pode roubar tempo de tarefas de marketing que dariam um retorno muito melhor para o tempo e o dinheiro investidos. Por isso, é importante ter disciplina no uso das redes sociais. Assim como você não deixaria seus funcionários ficarem de pé no corredor batendo papo o dia inteiro, você não deve se deixar levar pelo equivalente on-line. Há quem tenha a percepção de que o marketing nas redes sociais é "gratuito", mas ele só é verdadeiramente gratuito se seu tempo não tiver valor algum.

Em segundo lugar, há a questão da propriedade. Sua página e seu perfil nas redes sociais pertencem, na verdade, à rede social. Portanto, gastar enormes quantidades de tempo e dinheiro na criação de um perfil e de audiência nessas redes acaba valorizando mais o patrimônio dessas corporações do que o seu.

Minha preferência é, até onde possível, criar e possuir meu próprio patrimônio de marketing, como sites, blogs, listas de e-mail e assim por diante. Daí, uso as redes sociais apenas como forma de direcionar tráfego para esse patrimônio de marketing. Dessa forma, meu tempo e meu esforço são aplicados em melhorias na minha própria "casa", e não na de um proprietário que pode me chutar para fora a qualquer momento.

Um exemplo clássico das razões para fazer isso é a mudança da política do Facebook em relação às páginas comerciais. Antes, se alguém "curtia" sua página do Facebook, você podia atingir todo o público de graça. Por isso, as empresas gastavam muito tempo, dinheiro e esforço fazendo as pessoas "curtirem" suas páginas.

Agora, o Facebook cobra para enviar uma mensagem para todo o seu público, sem pagamento, você só consegue atingir um pequeno percentual. Para quem gastou enormes recursos construindo um público e no Facebook, essa puxada de tapete foi um golpe duro.

Essa é uma das razões pelas quais eu prefiro ter mil pessoas na minha própria lista de e-mails a 10 mil pessoas que "curtem" minha página no Facebook.

Como sempre acontece com qualquer estratégia de marketing, é de importância vital descobrir onde seus prospectos estão "de bobeira" e usar as mídias adequadas para levar sua mensagem até elas. As redes sociais podem ou não ser um desses lugares onde eles estão de bobeira.

E-mail marketing

O e-mail é uma maneira direta e pessoal de se envolver com os prospectos e clientes. Graças à proliferação dos smartphones e aparelhos portáteis, quase todo mundo tem o e-mail no bolso ou facilmente ao alcance.

Criar um banco de dados de assinantes por e-mail desempenha um papel central na sua estratégia de marketing on-line. Uma parte importante do seu site tem que ser um formulário de adesão por e-mail, pois isso permite capturar o endereço de quem acessa a página, dando-lhe a oportunidade de cuidar desses visitantes, que talvez não estejam dispostos a comprar de imediato, mas que estão interessados e querem mais informações.

Como discutiremos nos dois próximos capítulos, a captura e o tratamento de *leads* são dois estágios cruciais do processo de marketing. Eles nos oferecem a capacidade de lidar de forma inteligente com prospectos interessados, que talvez ainda não tenham evoluído ao ponto de tomar uma decisão de compra. Em geral, esse tipo de prospecto representa a maioria do conjunto global de prospectos, e é crucial para abastecê-lo com vendas futuras. Se você não tivesse capturado esses não compradores interessados, provavelmente iria perdê-los para sempre. Sua única esperança seria que, quando enfim estivessem prontos para comprar, eles se lembrassem do seu site, entre as centenas que eles talvez tenham visitado, e completassem um ciclo de compra iniciado dias, semanas ou meses antes.

O e-mail também lhe permite manter um relacionamento íntimo com sua base de clientes, facilitando o teste e o lançamento de novos produtos e serviços. Com o passar do tempo, à medida que você constrói um relacionamento com os assinantes do seu e-mail, seu banco de dados se torna um patrimônio de marketing cada vez mais precioso.

Assim, criar uma lista de assinantes por e-mail com alta taxa de resposta praticamente lhe permite produzir dinheiro sob demanda. Você cria uma oferta atraente, com um mecanismo de resposta, e transmite-a para sua lista de e-mails. Recebe feedback instantâneo se a sua oferta é um sucesso ou um fracasso. É uma ótima forma de testar ofertas a um custo baixo, antes de investir em mídias mais caras, como publicidade impressa ou *pay-per-click*.

Considerando isso, apesar do crescimento e da popularidade das redes sociais, o banco de dados de assinantes por e-mail continua a ser um dos elementos mais importantes de uma estratégia de marketing on-line. Como discutido há pouco, o alcance das redes sociais se tornou problemático, porque apenas um percentual reduzido dos seus seguidores vai de fato ver sua mensagem. E mesmo que essa mensagem chegue a todos, provavelmente você será ofuscado em meio a todo o ruído. Vídeos engraçados de gatos, piadas e memes vão roubar o espaço da sua mensagem de marketing. Não é à toa que se chamam redes **sociais**.

Ainda mais importante: um banco de dados de e-mails é um ativo que pertence a **você** e não depende de qualquer propriedade nas redes sociais que é a modinha do momento. Você se lembra do MySpace? Embora eu não ache que o Facebook ou o Twitter (rebatizado X) vão desaparecer tão cedo, a internet é um espaço que evolui rapidamente. Se você monta seu negócio na plataforma de alguém e ela começa a declinar em popularidade, seu patrimônio-chave de marketing on-line cai num gargalo.

Embora o e-mail seja uma mídia poderosa, ele tem lá suas peculiaridades, para as quais você precisa atentar. Eis alguns dos "sins" e "nãos" cruciais.

Não envie spam. Existem regras rígidas em relação ao e-mail marketing na maioria dos países. Entre as mais importantes, está a necessidade de consentimento do destinatário. É por isso que um formulário de adesão em seu site é crucial. Nunca compre ou acumule listas de e-mails quando os destinatários não solicitaram explicitamente recebê-los. Além de péssimo como posicionamento, colocando você na mesma categoria dos *spammers*, isso também pode ser ilegal. Discutiremos o posicionamento mais detalhadamente no Capítulo 6.

Seja humano. Não componha um e-mail como um robô faria ou como quem escreve uma carta formal. O e-mail é um meio personalíssimo, e mesmo que você esteja enviando para milhares de assinantes, escreva como se aquela mensagem fosse única, destinada para aquela pessoa. Sinta-se à vontade para ser um pouco informal.

Use um sistema comercial de e-mail marketing. Jamais use Outlook, Gmail ou outro serviço padrão para o marketing de e-mails de massa. Esses serviços foram projetados para e-mails individuais, e não para os coletivos. Se você começar a enviar e-mails a partir desses serviços sua conta será fechada ou entrará em listas de restrições. Existem sistemas de e-mail marketing baratos e fáceis de usar. O melhor do uso desses serviços é que eles tomam conta automaticamente de boa parte das questões jurídicas por você, coisas como criar uma opção de cancelamento de assinatura e seus detalhes de contato no rodapé dos e-mails marketing. Eles também fazem o possível para evitar os filtros de spam e garantir uma boa distribuição.

Envie e-mails regularmente. Quando você raramente envia e-mails para sua base, ela começa a "esfriar". As pessoas podem ter optado pela inclusão em seu banco de e-mails, mas, como você ficou muito tempo sem falar nada, elas esqueceram quem é você e acabaram marcando-o como *spammer*. Pior ainda, o valor do seu principal ativo de marketing on-line começa a cair. Para manter a relação viva, faça, no mínimo, um contato mensal com os assinantes. A prática ideal é mais próxima do semanal, mas isso também depende do público-alvo. Conheço alguns profissionais de marketing que enviam e-mails diários ou até mais de uma vez por dia. Não há uma regra rígida em relação à frequência. Certifique-se apenas de que o e-mail seja relevante e agregue valor.

Ofereça valor. Se você só enviar e-mails à base de assinantes quando quiser vender alguma coisa, ela vai envelhecer rapidamente. As pessoas vão cancelar a assinatura, ignorar seus e-mails, ou marcá-lo como *spammer*. Todo relacionamento sadio se baseia na troca de valor, então certifique-se de que a maioria dos seus e-mails não seja promoção de vendas, e sim algo que crie valor para seus assinantes. Uma boa proporção é de três e-mails que agregam valor para cada e-mail com oferta.

Automatize. Outro ótimo motivo para usar uma plataforma comercial de e-mail marketing é a automação. Essas plataformas permitem que você monte sequências enviadas automaticamente para novos assinantes. Por exemplo, você pode fazer a plataforma enviar uma mensagem automática de boas-vindas quando alguém assina sua lista. Então, no dia seguinte, ela pode enviar um e-mail de grande valor, ajudando essa pessoa a compreender melhor a categoria de produto em que está interessada. Três dias depois, pode enviar um e-mail falando mais de você e de sua empresa. Uma semana depois, pode convidar para uma conversa com você por telefone. Tudo isso pode ser feito no piloto automático. Uma plataforma automatizada pode virar um dos melhores vendedores da sua empresa. Nunca vai tirar licença médica nem reclamar ou esquecer de fazer o *follow-up*.

Com o marketing por e-mail, você se vê diante de três desafios:

1. **Entregar seu e-mail com eficiência.** Como dissemos, a melhor forma de garantir uma boa distribuição do e-mail é usar uma plataforma comercial de e-mail marketing. Além disso, assegure que o texto do seu e-mail não contenha expressões típicas de spam e excesso de e-mails e links.
2. **Fazer com que seu e-mail seja aberto.** A melhor forma de fazer com que abram seu e-mail é usar uma linha de assunto

atraente. Na parte sobre texto publicitário, no Capítulo 2, discutimos estratégias de estilo e chamadas. Imagine seu e-mail em meio a centena de outros na caixa de entrada do seu prospecto. A função da linha de assunto do seu e-mail é despertar curiosidade e motivar o destinatário a abrir o e-mail.

3. **Fazer com que seu e-mail seja lido.** Alguns profissionais de marketing pregam que o texto dos seus e-mails seja curto. Na verdade, o comprimento do e-mail é secundário em relação à relevância e à qualidade. Se você redigir um conteúdo atraente, ele será lido. Por exemplo, vários blogueiros e especialistas em e-mail marketing escrevem textos longuíssimos. Também enviam e-mails com frequência aos assinantes. Ao coletar vários "pontos de dados" sobre o público-alvo, sabem exatamente o que ele quer ler. Assim, embora as mensagens sejam longas, elas têm alta relevância e atração para o público-alvo. Um método alternativo é manter os e-mails curtos, colocando apenas um aperitivo ou resumo no corpo do texto. O leitor é, então, convidado a clicar em um link, para poder ler mais em seu site ou blog.

O e-mail é um canal de mídia muito poderoso e pessoal. Permite que você planeje campanhas convincentes com um alto grau de automação. Feito da forma correta, pode ser um elemento precioso de uma estratégia de mídia, tanto on-line quanto off-line.

Correio convencional

Numa época em que a internet, o e-mail e as redes sociais desempenham papéis tão importantes em nossa comunicação pessoal e comercial, muitos assumiram a posição de que o correio, praticamente morreu. Nada poderia estar mais distante da verdade.

Sou uma pessoa extremamente tecnológica. Cresci com a internet desde os primeiros dias da conexão discada, e até antes. Também sou cofundador de duas *startups* de tecnologia bem-sucedidas, que ajudei a criar do zero até crescerem rapidamente, antes de deixá-las. No entanto, apesar desse histórico, ou talvez por causa dele, encaro o bom e velho correio como uma das formas mais importantes e subutilizadas de mídia para o marketing. Quando se trata da estratégia de marketing, tenha em mente que **o e-mail não substitui o correio, e sim o complementa.**

Somos apaixonados pela velocidade e pela eficácia de tudo que é virtual; no entanto, seria um equívoco subestimar o poder dos objetos físicos, quando a questão é despertar a emoção nas pessoas. E **o marketing é questão de despertar emocionalmente as pessoas para que elas tomem uma atitude desejada.** Imagine um homem que envia à esposa uma mensagem de "eu te amo" por SMS ou e-mail no aniversário de casamento e compare isso com a mesma mensagem comunicada em um cartão escrito à mão, junto com um buquê com as flores favoritas dela. Existe uma enorme diferença entre os equivalentes virtual e físico da mesma mensagem.

Nos Estados Unidos, muita gente já recebeu um cartão do Google AdWords pelo correio. É instrutivo que o maior garoto-propaganda da era digital, o Google, use o correio como parte de sua estratégia de marketing para pequenas empresas. O correio tem um tempo de vida muito mais longo, e jogá-lo fora exige esforço. Não é raro que as pessoas deem valor e guardem durante décadas cartas de pessoas importantes em suas vidas. Raramente isso acontece com e-mails, que são efêmeros; um dia eles estão na sua caixa de entrada; no outro, foram deletados e esquecidos.

Outra questão importante em relação ao correio é que, nos últimos anos, ele ficou significativamente menos atulhado, o que, do ponto de vista do profissional de marketing, é a realização de um sonho. O entulho é o inimigo da recepção da mensagem. Ter uma mídia que se torna até menos atulhada faz dela ainda mais atraente. Inversamente, o entulho progrediu geometricamente no e-mail. O ruído nas caixas de entrada atingiu proporções absurdas, e até aqueles que sabem filtrá-lo o encaram de forma completamente diferente do correio. As pessoas navegam pelos e-mails com o dedo perto do ícone "apagar". Tudo que não tem uma utilidade prática imediata é deletado, encaminhado ou esquecido em um arquivo da caixa de entrada.

Enquanto não descobrirmos como teletransportar objetos físicos, como fazem em *Jornada nas estrelas*, recorreremos às empresas de entregas e ao serviço postal para transportar cartas e objetos físicos para nós.

Sem sombra de dúvida, o correio é um canal de comunicação poderoso. No entanto, como acontece com todas as mídias, é importante não ficar dependente ou amarrado a um único canal. Seu objetivo é descobrir como obter um bom retorno do seu investimento em mídia, seja correio ou qualquer outra.

Como ter um orçamento de marketing ilimitado

Nenhuma discussão sobre marketing ou gastos com mídia estaria completa se não mencionasse o orçamento. Quando se gasta com marketing, uma das três seguintes coisas acontece:

1. Seu marketing fracassa (em outras palavras, seu lucro é menor que seu investimento).
2. Você não sabe se seu marketing foi um sucesso ou um fracasso porque não mediu os resultados.
3. Seu marketing dá certo (em outras palavras, você fatura mais do que gastou).

Para cada um desses cenários, há uma atitude simples a tomar:

1. Se o seu marketing dá errado o tempo todo e o faz perder dinheiro, PARE e mude o que você está fazendo.
2. Se você não mede os resultados do seu marketing, está agindo na mais pura e simples estupidez, porque, com a tecnologia de que dispomos, pronta e barata, nunca foi tão fácil monitorar os resultados de marketing e o retorno sobre o investimento (ROI).
3. Se o seu marketing está dando certo e lhe proporcionando um ROI sempre positivo, você deve reforçá-lo e colocar o máximo de dinheiro que puder nele.

Uma das coisas mais loucas que eu vejo os pequenos empresários fazerem é definir uma "verba de marketing". Ao definir uma verba de marketing, você está dando a entender que: ou o marketing não está funcionando, e portanto é apenas um gasto (em outras palavras, um desperdício de dinheiro), ou você não tem ideia se está funcionando ou não, porque não mede os resultados, por isso simplesmente joga um dinheiro nele na esperança de que lhe traga algum tipo de resultado positivo. Se for o primeiro caso, então é claro que você precisa definir um orçamento, porque não dá para ter despesas correndo soltas na sua empresa. Mas uma boa pergunta seria: se o marketing não está dando certo, por que você está gastando dinheiro com ele? E, se for o segundo caso, é preciso mudar as coisas para ontem. Você não contrataria um funcionário sem medir sua produtividade, certo? Então por que pagar constantemente por marketing sem saber quais resultados está gerando?

Se o seu marketing estiver dando certo (retorno positivo sobre o investimento), por que você o limitaria com um orçamento? Ter um marketing eficaz é como ter uma máquina de imprimir dinheiro legalizada. Esse cenário é chamado "dinheiro com desconto". Se eu estivesse vendendo notas de 100 reais por 80, você não compraria tantas quantas pudesse? Ou diria "desculpe, mas meu orçamento para notas de 100 com desconto é de apenas 800 reais, então vou levar só dez, obrigado"?

É por isso que eu sempre digo: **tenha um orçamento ilimitado para o marketing que funciona**. Um argumento contra isso, que eu costumo ouvir, tem a ver com a incapacidade de dar conta da demanda. Primeiro, é ótimo ter um problema assim. Segundo, se você está tendo uma demanda maior do que é capaz de suprir, eis a oportunidade perfeita para aumentar seu preço. Isso vai instantaneamente turbinar sua margem e trazer clientes de qualidade.

A única situação em que se deve definir uma verba de marketing é quando se está na fase de teste. Nessa fase, eu recomendo que você fracasse bastante a um custo baixo, até achar um meio vencedor. Teste sua chamada, sua pegada, o posicionamento do seu anúncio e outras variáveis. Então, descarte os perdedores e otimize os vencedores até finalmente dispor de uma combinação que lhe dê o melhor ROI possível.

Lembre-se: o correio cobra de você a mesma quantia, seja para enviar uma porcaria de mala-direta que é um fiasco, seja para enviar uma mala-direta de alta conversão que atraia milhões. Assim que tiver um vencedor, que rende mais do que custa, turbine a despesa de marketing e, com isso, a velocidade da sua máquina de imprimir dinheiro!

O número mais perigoso

O número mais perigoso na sua empresa é o 1. Ele é o terror das empresas.

Sua empresa só tem *uma* fonte de *leads*? *Um* grande fornecedor? *Um* grande cliente? Depende de *um* tipo de mídia? Oferece *um* tipo de produto? Pegando emprestado um termo de informática, sua empresa tem um "ponto *único* de falha?" Se tiver, sua empresa tem uma fragilidade, e uma pequena mudança na situação, algo que fuja ao seu controle, pode ter um impacto arrasador.

É muito complicado se ver nessa situação. Várias empresas sofreram um forte abalo quando o Google mudou o algoritmo do mecanismo de busca. Eram empresas que colocavam todo o esforço e a verba de marketing na otimização desse mecanismo e, literalmente da noite para o dia, descobriram que sua fonte de *leads* tinha desaparecido.

Da mesma forma, quando o Google começou a fazer mudanças no tipo de anúncio pago que queria mostrar, até anunciantes que pagavam vultosas quantias mensais foram atingidos pelo que ficou conhecido como o "Tapa do Google". Isto é, o Google começou a cobrar quatro, cinco, às vezes dez vezes mais do que antes. Os anunciantes foram forçados a interromper suas campanhas e tentar consertar o problema ou encontrar outra fonte de *leads*. Nesse meio-tempo, seus negócios virtualmente pararam. Em outra ocasião, o envio de fax de propaganda tornou-se, na prática, ilegal nos Estados Unidos, e muitas empresas que dependiam dele como única fonte de *leads* fecharam.

Palavras de sabedoria da Antiguidade recomendam construirmos nossa casa em pedra maciça, e não na areia. Assim, quando a inevitável tempestade vier, nossa casa não ruirá. O primeiro passo é identificar cenários em que o número 1 pode lhe fazer mal. Eis alguns exemplos:

- E se seu maior cliente trocar você por um concorrente? E se ele falir?
- E se a legislação federal mudar e o produto que você oferece atualmente se tornar ilegal ou inviável devido à regulamentação?
- E se sua principal estratégia publicitária parar de funcionar?
- E se o seu gasto com publicidade encarecer muito?
- E se seu atual ranking alto nos mecanismos de busca desaparecer ou o preço do *pay-per-click* aumentar demais?
- E se seu maior fornecedor aumentar o preço, sofrer com uma escassez ou fechar?
- E se você depende do e-mail marketing e o governo impõe novas restrições a essa estratégia?

Todos esses são cenários que podem acontecer e acontecem. Se você depender do 1 para alguma coisa, estará se colocando em uma posição crítica; na prática, estará construindo sua casa em cima da areia. Quando a tempestade vier e as águas subirem, a casa desmoronará. Portanto, identifique e elimine os pontos únicos de falha na sua empresa.

Desta forma, caso as leis mudem, se o custo com publicidade subir, se de uma hora para outra uma estratégia específica deixar de funcionar tão bem quanto antes, sua empresa estará segura. Você continuará no controle, porque não depende do 1 para nada. Jim Rohn tem uma visão excelente sobre o assunto:

> *É preciso pensar no inverno durante o verão. É fácil demais se deixar enganar quando o céu está azul e as nuvens parecem algodão. É preciso se preparar para o inverno, porque ele virá, ele sempre vem.*

Nesse meio-tempo, caso nenhum desses cenários se concretize, pelo menos você terá deixado sua empresa mais resiliente e valiosa.

Um cenário comum que observo em relação à estratégia de mídia é que muitas pequenas empresas possuem apenas uma fonte de novos negócios. Eu defendo ter pelo menos cinco fontes diferentes de novos *leads* e clientes. Além disso, recomendo que a maioria dessas cinco fontes seja em mídia paga. Em outras palavras, que elas lhe custem dinheiro para se promover. Há duas razões para a mídia paga ser tão importante.

Primeiro, ela é extremamente confiável. Quando eu pago um jornal para publicar meu anúncio, há uma probabilidade extremamente alta de que o anúncio seja de fato publicado. É muito mais difícil conseguir um fluxo de *leads* tão confiável e constante com métodos de marketing gratuitos (ou aparentemente gratuitos) quanto o boca a boca.

Segundo, o marketing pago força você a focar no ROI. Quando um método de marketing pago não está funcionando, você corta, não gasta mais tempo nem dinheiro com ele. Ao passo que, quando o método de marketing é supostamente gratuito, como o boca a boca, tendemos a ser menos rigorosos e muitas vezes acabamos gastando uma enorme quantidade de tempo com ele, porque não tivemos que pagar nada adiantado. No entanto, existe um custo de oportunidade que, se analisado com atenção, muitas vezes se traduz em uma quantia surpreendentemente alta de dinheiro de verdade.

A arte e a ciência de sempre transformar 1 real de publicidade paga em 1 real ou mais de lucros, através do marketing de resposta direta, tornarão sua empresa mais resiliente e ajudarão a explorar seu crescimento rápido.

Tarefa do Capítulo 3

Quais mídias você vai utilizar para atingir seu público-alvo? Preencha o quadrado número 3 do seu formulário do Plano de Marketing de 1 Página.

SEGUNDO ATO
O DURANTE

Resumo da seção do Durante

Na fase do Durante, você trata com *leads*. Os *leads* são pessoas que conhecem você e demonstraram interesse naquilo que você oferece, respondendo à sua mensagem de marketing. Nesta fase, você vai capturar esses *leads* interessados em um sistema de banco de dados, alimentá-los com informações constantes que agregam valor e convertê-los em clientes pagantes.

A meta desta fase é fazer seus *leads* **gostarem de você** e daquilo que você oferece o suficiente para comprar pela primeira vez. Feita a compra, *leads* tornam-se clientes e entram na terceira e última fase do seu processo de marketing.

4
COMO CAPTURAR *LEADS*

Resumo do Capítulo 4

Capturar *leads* em um sistema de banco de dados, para um *follow-up* futuro, é crucial para o sucesso do seu marketing. Isto porque apenas um pequeníssimo percentual dos *leads* interessados estará disposto a comprar de você desde o primeiro momento. A captura de *leads* nada mais é do que uma questão de lidar com o interesse deles do jeito certo, construindo sua futura fonte de vendas.

Entre os principais tópicos cobertos neste capítulo estão:
- Por que você nunca deve tentar vender diretamente a partir de um anúncio e o que fazer em vez disso.
- Como fazer a transição da "caça" para a "agricultura", garantindo um suprimento constante de novos negócios.
- Por que não tratar todos os prospectos do mesmo jeito.
- Como usar o "suborno ético" para revelar prospectos de alta probabilidade.
- Como aumentar instantaneamente a eficácia da sua publicidade em 1.233%.
- Por que algumas empresas têm um fluxo constante de *leads* e prospectos, enquanto outras penam.
- Como ser visto como expert e autoridade pelo seu público-alvo.

Como capturar *leads*

Caça *versus* agricultura

Imagine que você é um caçador. Acorda de manhã, junta suas armas e sai para caçar. Em alguns dias, você volta com uma caça e sua família ganha um banquete. Em outros dias, volta de mãos vazias e sua família fica com fome. A pressão, todo santo dia, é para ter êxito na caça. Você vive uma batalha constante.

Agora imagine que você é um agricultor. Você planta suas sementes e espera que elas fiquem prontas para a colheita. Enquanto isso, nutre e trata delas com carinho. Rega e cuida da plantação. Quando estão maduras, você começa a colheita.

Pela minha experiência, a maioria das empresas é caçadora, e não agricultora:

- Faz ligações "a frio" para gerar novos clientes.
- Gasta rios de dinheiro e energia tentando obter novos clientes e fazendo de tudo para fechar vendas o mais rápido possível.
- A publicidade tem um ar de desespero, tamanho o desconto e a agressividade no preço, só para vender mais rápido.
- Gasta um tempo enorme importunando gente que não está interessada no produto ou no serviço.

A maioria dos empresários não faz a menor ideia do objetivo por trás de seu marketing. Enfia o nome da empresa no anúncio, com um logo bonitinho e um slogan sem sentido, dizendo ser líder no setor ou na região. Se você perguntar qual é o objetivo publicitário, a maioria dirá que é vender seus produtos ou "colocar o nome na praça". E, como já discutimos, tudo isso está **errado!** Redondamente errado. É como jogar dinheiro na privada e dar descarga.

No marketing de resposta direta, mais do que tentar fechar uma venda imediata a partir do anúncio, o objetivo da sua publicidade é encontrar pessoas interessadas no que você faz. Quando seus *leads* interessados respondem, você os coloca na base de dados de *follow-up*, a fim de gerar valor para eles, posicionar-se como autoridade e criar um relacionamento baseado na confiança.

Feito isso, a venda acontece (se ele achar que é o caso) como uma consequência natural. Isso exige uma mudança de mentalidade, mas é um conceito cuja compreensão é absolutamente fundamental.

Por que não tentar vender a partir do anúncio? É verdade que alguns leitores do seu anúncio ficarão dispostos a comprar de imediato, mas a **esmagadora maioria** não estará pronta para tomar uma decisão de compra no mesmo dia em que lê o anúncio, ainda que esteja interessada no que você faz.

Se você não os colocar em um banco de dados, considere-os perdidos. Pode ser que eles estejam prontos para fazer a compra daqui a um mês, um semestre ou um ano. Mas como seu anúncio foi um "tiro único", você desperdiçou totalmente a oportunidade. Sua chance de que ele venha a se lembrar desse anúncio seis meses depois é extremamente baixa.

Esse tipo de marketing é exatamente como plantar sementes em uma fazenda.

Como garimpar ouro com o "suborno ético"

Mesmo com um público-alvo restrito, não se deve tratar todos os prospectos do mesmo jeito.

Sendo todo o restante igual, quanto mais dinheiro você puder gastar com marketing para prospectos de alta probabilidade, maior a chance de convertê-los em clientes.

Você se lembra do arqueiro fictício sobre o qual falamos no Capítulo 1? Ele tem um número limitado de flechas, da mesma forma que você tem uma quantidade de dinheiro limitada para sua campanha de marketing. Por isso é essencial investir com bom senso.

Por exemplo, se você tem 1.000 reais para gastar em uma campanha de anúncios que atingirá mil pessoas, basicamente você está gastando 1 real por prospecto.

Agora imagine que das mil pessoas atingidas pelo anúncio, cem são possíveis prospectos para o seu produto. Ao tratar todas do mesmo jeito, o que você teria que fazer com marketing de massa, você está gastando 900 reais em prospectos desinteressados e desmotivados para chegar aos cem que lhe interessam.

E se, em vez de tratar todos por igual, você peneirasse, selecionasse e filtrasse, de modo a se dirigir apenas a prospectos de alta probabilidade, sem desperdiçar seu precioso tempo e sua verba de marketing com aqueles que são desinteressados e desmotivados?

Nesse caso você poderia gastar os 1000 reais inteirinhos nos cem prospectos de alta probabilidade. Isto lhe permitiria gastar 10 reais para seduzir cada um deles, em vez de mero 1 real por prospecto, se você tratasse todos do mesmo jeito.

Com um poder de fogo dez vezes maior e direcionado para os alvos certos, você acha que a taxa de conversão ficaria melhor? Com certeza.

Mas como separamos o joio do trigo? A resposta sucinta é: pagando suborno para que nos contem!

Não se preocupe, não há nada indevido aqui. O que oferecemos é um "suborno ético" para levá-los a se identificar para nós. Por exemplo, nosso amigo fotógrafo pode oferecer um DVD gratuito que explica às noivas-prospectos exatamente aquilo que elas devem buscar em um fotógrafo de casamento, e apresentando um pouco do trabalho dele.

Um anúncio gerador de *leads* muito simples pode ter o seguinte título: "Vídeo gratuito revela os sete erros fatais a evitar na escolha do fotógrafo do seu casamento".

Quem pedir esse "suborno ético" estará se identificando como um prospecto de alta probabilidade. Nesse caso, você tem pelo menos o nome e o endereço dele, que entram no seu banco de dados de marketing.

Lembre-se: a meta é simplesmente gerar *leads*. Evite a tentação de vender a partir do anúncio. Nesse estágio inicial, a ideia é apenas peneirar os desinteressados e os desmotivados, de modo a aumentar a base de prospectos de alta probabilidade.

Eis outra forte razão para você evitar vender diretamente a partir do anúncio: em qualquer momento específico (em média) cerca de 3% do seu público-alvo está altamente motivado e pronto para comprar de imediato. Esses são os prospectos que a maior parte do marketing de massa visa converter. No entanto, há mais 7% que estão muito abertos a comprar, e outros 30% que estão interessados, porém não de imediato. Os 30% seguintes não estão interessados e, por fim, os últimos 30% não levariam seu produto nem de graça.

O mercado para seu produto ou serviço

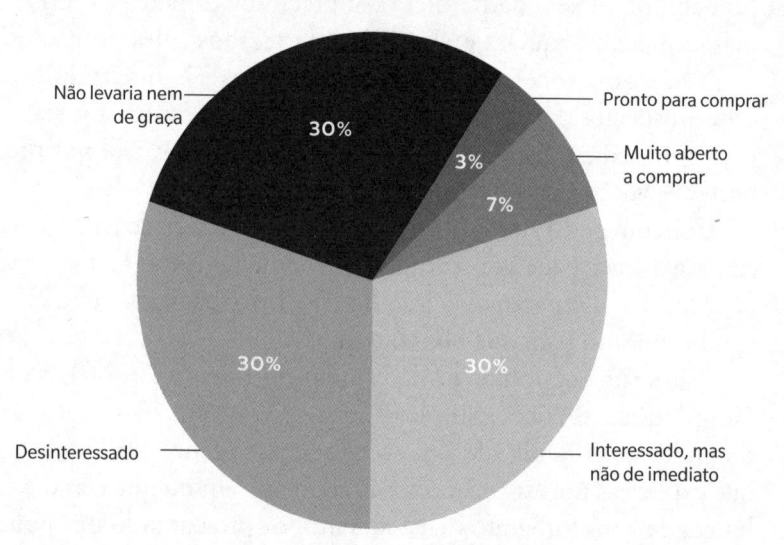

- Não levaria nem de graça — 30%
- Pronto para comprar — 3%
- Muito aberto a comprar — 7%
- Interessado, mas não de imediato — 30%
- Desinteressado — 30%

Se você tentasse vender diretamente a partir do anúncio, estaria mirando apenas nos 3% prontos para comprar de imediato e perderia os outros 97%.

Ao criar um anúncio gerador de *leads*, você aumenta seu público atingível em 40%. Faz isso ao capturar os 3% que são compradores imediatos, mas também capturando os 7% abertos a conversar, assim como os 30% que estão interessados, porém não de imediato.

Ao passar de um mercado atingível de 3% para 40%, você está aumentando em 1.233% a eficácia da sua publicidade.

Isso também tem um efeito colateral junto às pessoas que estão prontas para comprar de imediato. Elas veem que você não está desesperado para vender ou dar desconto em seu produto ou serviço. Entendem, portanto, que você está interessado em construir primeiro uma relação, em vez de simplesmente atacar a jugular para fechar a venda. Esse tipo de marketing é parecido com o preparo da plantação. É um investimento para o futuro porque, à medida que sua base de prospectos interessados cresce, também crescem seu negócio e seus resultados.

Além disso, quando você educa e ensina, passa a ser visto como especialista e autoridade. Deixa de ser questionado; passa, ao contrário, a ser obedecido e visto como alguém que tem um interesse pessoal, genuíno e prestativo pelos outros.

Uma campanha hipotética pode oferecer um folheto gratuito ou uma série de vídeos prometendo informar seu prospecto sobre aquilo que merece sua atenção, como não ser enganado e o que procurar. Depois que o prospecto recebe essas informações repletas de valor, você terá cumprido todas as promessas feitas em sua publicidade.

Sua confiabilidade dispara. Você se posiciona como expert e se destaca da concorrência. Seu anúncio não fez pressão para vender rápido. Em vez disso, você deu início ao processo que leva o prospecto a levantar a mão. Você está pedindo que *ele* entre em contato com você, e quando isso acontece, ele está se identificando como um prospecto de alta probabilidade.

Como administrar sua mina de ouro

Quando criança eu costumava assistir ao desenho animado futurista *Os Jetsons*. Eu tinha certeza de que, quando fosse adulto, todos nós estaríamos andando em carros voadores. Bem, segundo minha esposa, pelo menos, eu ainda tenho que virar adulto. Seja como for, muitos anos depois, minha forma de transporte principal continua a ser terrestre.

É bem verdade que os carros de hoje têm acessórios muito bacanas, mas no geral o funcionamento deles não mudou nos últimos cem anos. Isso suscita a pergunta: por que não estamos todos zunindo por aí em máquinas voadoras pessoais?

A tecnologia de voo individual já existe há algum tempo, e o preço dela é surpreendentemente baixo. Produzida em massa, certamente chegaria bem perto do preço de um carro. Qual é o problema, então? A resposta resumida é: simplesmente não existe hoje uma infraestrutura que sustente os voos pessoais. A esmagadora maioria da nossa infraestrutura foi criada para o automóvel. Casas, construções e cidades atuais foram todas feitas para comportar automóveis.

Por que, então, algumas empresas recebem um fluxo constante de *leads* e prospectos, enquanto outras sofrem para conseguir unzinho? A resposta é a mesma do nosso dilema do voo individual: infraestrutura.

Algumas empresas criaram uma infraestrutura de marketing que oferece novos *leads* constantemente, faz o *follow-up*, cuida deles e converte-os em clientes apaixonados. Outras empresas — na verdade, eu diria, a maioria — fazem aquilo que eu chamo de "atos aleatórios de marketing". Elas apenas disparam um anúncio aqui, um ali, às vezes têm um site ou distribuem um folheto. Isso não é criar uma infraestrutura, um sistema em que um *lead* frio entra por uma porta e um cliente apaixonado sai pela outra.

Esses atos aleatórios de marketing, esporádicos, isolados, geralmente acabam custando mais do que rendem, o que desmotiva e às vezes leva o empresário a dizer coisas ridículas como "Marketing não funciona na minha área".

Para criar um **sistema**, precisamos pensar nele do início ao fim. Precisamos compreender como ele funciona e quais são os recursos necessários para fazê-lo andar.

Bem no centro da sua infraestrutura de marketing está seu banco de dados de clientes e prospectos. Mas, para geri-la de forma eficiente, é realmente necessário um sistema de gestão de relacionamento com o cliente (CRM, de *customer relationship management*). O CRM é o centro nevrálgico do seu marketing. É onde você administra sua mina de ouro.

O ideal é que todos os seus *leads*, todas as suas interações com o cliente, vão parar no seu CRM. É aí que a coisa fica interessante.

Tarefa do Capítulo 4:

Qual é o seu sistema de captura de *leads*?

Preencha o quadrado número 4 do seu formulário do Plano de Marketing de 1 Página.

5
COMO FOMENTAR *LEADS*

Resumo do Capítulo 5

Fomentar *leads* é o processo de fazer com que pessoas vagamente interessadas desejem aquilo que você tem a oferecer e fechem negócio com você. O processo de fomento garante que os *leads* fiquem interessados, motivados, qualificados e predispostos a comprar de você antes mesmo que tente vender para eles.

Entre os principais tópicos cobertos neste capítulo estão:
- O segredo por trás do "maior vendedor do mundo" do *Livro Guinness dos Recordes*.
- Por que o dinheiro vem do *follow-up*, e como alavancar isso.
- Como aniquilar a concorrência e atingir um patamar à parte.
- Uma estratégia simples para aproximar ainda mais os prospectos do ciclo de compra.
- Por que uma "infraestrutura de marketing" é crucial para seu sucesso empresarial e como criá-la.
- Os três principais tipos de pessoas que você precisa ter na equipe para que sua empresa dê certo.
- Como alavancar talento internacional para garantir o sucesso do seu negócio.

Como fomentar *leads*

O segredo do maior vendedor do mundo

Joe Girard é apresentado no *Livro Guinness dos Recordes* como "o maior vendedor do mundo". Ele vendeu mais itens caros de varejo, unidade por unidade, do que qualquer outro vendedor desde que se tem registro. Girard vendia alguma nova e incrível tecnologia que todos precisavam ter? Não. Estava vendendo para milionários? Errou de novo. Girard vendia carros comuns para pessoas comuns. Entre 1963 e 1978, foram mais 13 mil carros em uma concessionária Chevrolet. Seus números são impressionantes:

- Ao todo, ele vendeu 13.001 carros. Isso dá uma média de seis carros por dia.
- Em seu melhor dia, ele vendeu 18 carros.
- Em seu melhor mês, ele vendeu 174 carros.
- Em seu melhor ano, ele vendeu 1.425 carros.
- Joe Girard vendeu mais carros sozinho do que 95% de **todas as concessionárias** da América do Norte.
- Para tornar seu feito ainda mais incrível, ele vendeu todos no varejo — ou seja, um carro de cada vez. Nenhuma dessas vendas foi de frota por atacado.

Qual era o segredo de Joe? Ele enumera vários, entre eles o trabalho árduo e a simpatia. Sem desmerecer esses fatores, tenho certeza de que havia naquela época milhares de vendedores que dispunham dessas qualidades tão admiráveis, mas que não vendiam nem de longe a mesma quantidade que Joe. Uma das coisas que Joe fazia era manter contato constante com seus clientes. **Todo mês**, enviava um cartão personalizado a toda a sua lista de contatos. Em janeiro, era um cartão de "Feliz Ano-Novo" que dizia: "Eu gosto de você." Ele assinava e carimbava os contatos da concessionária. Em fevereiro, sua lista recebia um cartão de Dia dos Namorados (comemorado em 14 de fevereiro nos Estados Unidos). Uma vez mais, a mensagem dizia: "Eu gosto de você."

O tamanho e a cor do envelope variavam, mas cada um era endereçado e selado à mão. Isso era fundamental para evitar o equivalente postal do filtro de spam, em que o destinatário fica de frente para a lata de lixo e vai jogando fora tudo que tem cara de publicidade, fraude, ofertas de cartão de crédito e outros tipos de correio descartável. Joe queria que o cliente abrisse o envelope, visse seu nome e a mensagem positiva do cartão e se sentisse bem. Ele fazia isso mês após mês, ano após ano, sabendo que um dia aquelas pessoas precisariam de um carro novo. E, quando essa hora chegava, que nome você acha que estaria na mente deles? No final da carreira, Joe enviava uma média de 13 mil cartões por mês e precisou contratar um assistente.

Com dez anos de carreira, quase dois terços de suas vendas vinham de clientes reincidentes. Em dado momento, as pessoas tinham que marcar hora para ir à concessionária comprar com ele. Compare isso com outros vendedores de carros que só ficam à espera de que alguém entre na loja!

Faça marketing como um agricultor

Tente adivinhar quantas vezes, em média, um vendedor faz *follow-up* com um *lead*. Se você chutou "uma ou duas vezes", está bem próximo da verdade.

Cinquenta por cento dos vendedores desistem depois do primeiro contato, 65% desistem depois do segundo e 79,8% desistem depois de três tentativas.[6] Imagine se um agricultor plantasse

---

[6] Essas estatísticas são amplamente citadas nos círculos de vendas e do marketing. Tentei rastrear a fonte original desses números, mas depois de algumas horas de pesquisa o melhor que consegui foi que eles "se baseiam nas conclusões das maiores empresas de pesquisas dos Estados Unidos". Como acontece com a maioria das estatísticas, é preciso encará-las com algum ceticismo. Porém, quaisquer que sejam a fonte ou a forma como esses números específicos foram obtidos, pela minha experiência eles estão mais ou menos corretos. A questão é que pouquíssimos vendedores se incomodam em fazer *follow-up* mais que algumas vezes.

sementes e se recusasse a regá-las mais de uma ou duas vezes. A colheita seria bem-sucedida? Dificilmente.

Em marketing, **o dinheiro está no *follow-up***. Com base nisso, criamos o modelo irresistível de fomento de *leads*.

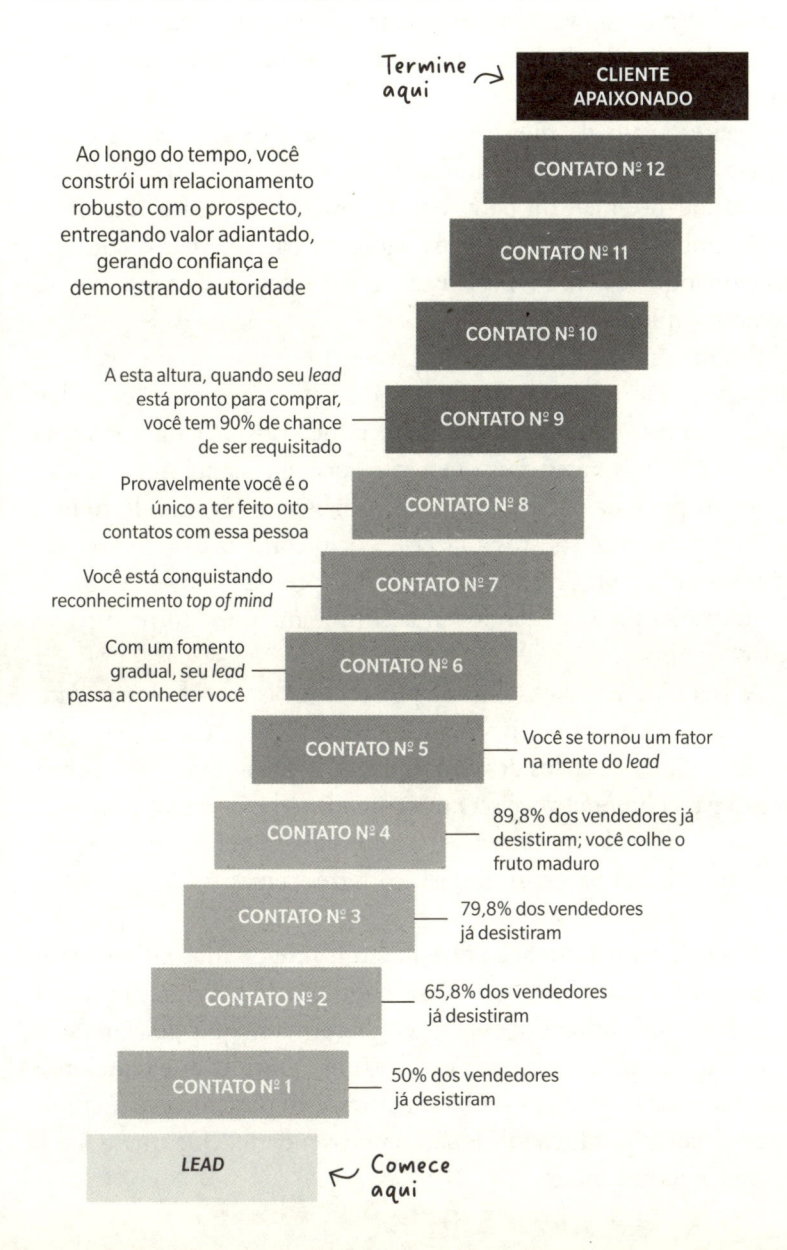

Termine aqui → **CLIENTE APAIXONADO**

CONTATO Nº 12

Ao longo do tempo, você constrói um relacionamento robusto com o prospecto, entregando valor adiantado, gerando confiança e demonstrando autoridade

CONTATO Nº 11

CONTATO Nº 10

A esta altura, quando seu *lead* está pronto para comprar, você tem 90% de chance de ser requisitado

CONTATO Nº 9

Provavelmente você é o único a ter feito oito contatos com essa pessoa

CONTATO Nº 8

Você está conquistando reconhecimento *top of mind*

CONTATO Nº 7

Com um fomento gradual, seu *lead* passa a conhecer você

CONTATO Nº 6

CONTATO Nº 5 — Você se tornou um fator na mente do *lead*

CONTATO Nº 4 — 89,8% dos vendedores já desistiram; você colhe o fruto maduro

CONTATO Nº 3 — 79,8% dos vendedores já desistiram

CONTATO Nº 2 — 65,8% dos vendedores já desistiram

CONTATO Nº 1 — 50% dos vendedores já desistiram

LEAD ← Comece aqui

Assim que você capturar um *lead*, você precisa inseri-lo em seu sistema, onde os contatos se repetem ao longo do tempo. "Contato" não significa importunar os *leads* para que comprem de você. Ter um contato significa a possibilidade de construir um relacionamento (oferecendo valor antes que comprem o que quer que seja), ganhando confiança e demonstrando, enquanto isso, autoridade em sua área de expertise.

Aceite o fato de que a maioria das pessoas não estará pronta para comprar de imediato. Coloque-as em um banco de dados para captar o e-mail ou para mandar mala-direta física (de preferência ambos). Envie mensagens regulares para manter o contato, posicionando-se como especialista em seu setor (mais a respeito no próximo capítulo).

Assim como faz um agricultor, você precisa preparar seus prospectos até que estejam prontos para a colheita. Assim como Joe Girard, com o tempo você também pode construir uma enorme fonte de clientes potenciais que terão você em mente quando **eles** estiverem prontos para comprar. E o mais empolgante de tudo é que já estarão predispostos a fazer negócio com você, graças ao valor que você criou de antemão. Não vai precisar convencê-los ou suar a camisa para vender; a venda simplesmente se torna o passo lógico seguinte.

A lista cada vez mais longa de prospectos e o seu relacionamento com eles se tornarão o ativo mais precioso do seu negócio, sua verdadeira galinha dos ovos de ouro. Quando o prospecto enfim estiver pronto para comprar, você será um convidado bem-vindo, e não um incômodo. O mais importante é transformar-se em um agricultor do marketing. É um processo simples, com três etapas:

1. Anuncie com a intenção de encontrar interessados no que você estiver fazendo. Faça isso oferecendo um folheto gratuito, um vídeo, um conteúdo que seja, no formato que desejar. Vale qualquer tipo de informação relevante e gratuita que represente uma solução para um problema deles. Isto posiciona você como especialista e educador, e não como vendedor. De quem **você** preferiria comprar?

2. Acrescente esses interessados ao seu banco de dados.
3. Continue fomentando essas pessoas e fornecendo-lhes valor; por exemplo, com uma *newsletter* sobre o seu setor ou informações sobre como obter o máximo daquilo que você faz ou oferece, seja lá o que for. Um ponto importante: não transforme essa abordagem em uma tentativa permanente de vender: ela envelhece muito rápido. Certifique-se de oferecer informações valiosas e só de vez em quando faça uma proposta de venda ou uma oferta especial. O mais importante é manter contato regular; do contrário, o prospecto vai esquecê-lo e a relação entre vocês será relegada à de um prospecto "frio" com um vendedor chato.

Se você se tornar um "agricultor do marketing", terá uma colheita farta e contínua à medida que seu banco de dados aumentar em quantidade e qualidade.

Como criar sua infraestrutura de marketing

No capítulo anterior, apresentamos o conceito de publicidade com a intenção de captar *leads*. Captar *leads* é uma coisa, mas o que se faz com esses *leads* é o que realmente separa amadores e profissionais, por assim dizer. Já aconteceu de você perguntar sobre um produto ou serviço e nunca receber qualquer *follow-up*? Ou de ter recebido um orçamento e depois uma ligação preguiçosa de *follow-up*, e mais nada? São sinais de uma infraestrutura de marketing defeituosa.

O triste é que a maior parte do trabalho de *follow-up* pode ser automatizada com um sistema de CRM. A maioria dos CRMs pode ser configurada para disparar automaticamente um e-mail ou um SMS para o cliente ou avisar um vendedor para ligar e fazer o *follow-up*. A automatização pode ser desencadeada com base em alguma atitude do prospecto, pelo monitoramento dos contatos e das compras ou com base em temporizadores predefinidos. Os sistemas de automatização permitem classificar, peneirar e filtrar roboticamente prospectos e clientes, para que você possa rentabilizar melhor o seu tempo.

Agora que você dispõe de uma base de dados de prospectos de alta probabilidade, **seu trabalho é fazer marketing para eles até que comprem ou morram**. Pode parecer que estou sugerindo ser desagradável e importunar as pessoas para que comprem até que cedam, mas não tem absolutamente nada a ver com isso.

Em geral, uma formação tradicional em vendas é centrada em táticas de pressão como o *Always be closing* ("Sempre esteja fechando") e outras técnicas estúpidas de fechamento de vendas que se baseiam na pressão e que transformam o vendedor em um chato, que o prospecto prefere evitar.

Em vez de ser inoportuno, eu defendo a ideia de tornar-se um convidado bem-vindo. Envie a seus prospectos de alta probabilidade um fluxo contínuo de valor até que **eles** estejam prontos para comprar. Isto pode se dar sob a forma de tutoriais, artigos, estudos de caso ou até mesmo algo tão simples quanto uma *newsletter* mensal relacionada à área de interesse. Essa prática gera confiança e boa vontade, posicionando você como especialista e educador, em vez de simplesmente um vendedor em busca da jugular do cliente.

Ao longo das décadas, inúmeras ferramentas digitais facilitaram automatização desse mecanismo de *follow-up* contínuo, tornando-o um jeito eficaz, em termos de custo e escala, de criar um enorme fluxo de prospectos interessados e motivados.

Alguns desses prospectos vão se converter imediatamente em clientes, enquanto outros só depois de semanas, meses ou até anos. Mas o xis da questão é: no momento em que estiverem prontos para comprar, você já terá construído um relacionamento sólido com eles, baseado em valor e confiança. Aí, quando *eles* estiverem prontos para tomar uma decisão de compra, *você* será a escolha natural.

Esta é uma das estratégias mais éticas e indolores de vendas, porque se baseia completamente em confiança e troca de valor. Enquanto seus concorrentes estão atirando flechas às cegas, na esperança de acertar um dos 3% de compradores imediatos, você pode focar todo o seu poder de fogo em um alvo claro e visível.

Desta forma, sua infraestrutura de marketing será composta de "ativos". Eis alguns dos ativos que implantei com êxito em infraestruturas de marketing que criei ou ajudei a gerenciar:

- Sites de captura de *leads*.
- Telefones com mensagens informativas gravadas.
- *Newsletters*.
- Blogs.
- Folhetos gratuitos.
- Sequências de mala-direta.
- Sequências de e-mail.
- Redes sociais.
- YouTube.
- Podcasts.
- Anúncios impressos.
- Cartas manuscritas.
- Respostas automáticas por e-mail.
- Respostas automáticas por SMS.
- Pacotes "choque e espanto" (assunto da próxima seção).

Tudo isso faz parte da minha infraestrutura de marketing. Continuo criando ativos cada vez maiores e mais sofisticados, mas os citados compõem o cerne da estrutura. Cada um tem um momento certo e um objetivo, mas todos os anúncios que divulgo são elaborados para conectar *leads* "frios" a esse sistema, convertendo-os em fãs apaixonados.

É evidente que montar essa infraestrutura de marketing exige, sim, tempo e dinheiro, mas, assim como construir uma infraestrutura física, como uma estrada ou uma ferrovia, o grosso do tempo e do dinheiro é gasto na obra inicial. Depois disso, é só manutenção e aperfeiçoamento constante.

E eis o ponto mais animador: graças às ferramentas digitais, grande parte da minha infraestrutura de marketing hoje é automatizada, o que me dá uma enorme alavancagem. Quando encontro uma combinação que funciona, posso reutilizá-la o tempo todo, obtendo os mesmos resultados de forma constante.

À medida que vou ampliando esse sistema, meus resultados vão melhorando continuamente. E você? Tem montado sua infraestrutura de marketing? Está o tempo todo ampliando e aperfeiçoando seus sistemas?

Bem, saiba que é justamente isso que colocará você em larga vantagem em relação aos concorrentes, que estarão apenas tropeçando por aí com suas ações de marketing aleatórias.

O "envelope gordo" e o "pacote choque e espanto"

No Capítulo 3, discutimos a eficácia do correio convencional como canal de mídia. O "envelope gordo" é um jeito de pegar esse canal poderoso e turbiná-lo. Pense no seu hábito de separação de correspondência. Você tem uma pilha de envelopes, então nota que um deles está "gordo". Dentro, há algum objeto físico tridimensional, talvez um livro, um pen-drive ou alguma espécie de brinde. Qual dos envelopes será o primeiro a ser aberto e receberá mais atenção? Bem, se você for como a maioria das pessoas, já sabe a resposta.

O envelope gordo chama a atenção e permite que você seja muito criativo em suas campanhas de mala-direta. No setor de mala-direta, os brindes inseridos com o objetivo de chamar a atenção são chamados de *grabbers* ("agarradores"). Os *grabbers* muitas vezes ditam o assunto do seu texto de vendas. Por exemplo, você pode inserir uma miniatura de lata lixo de plástico no envelope, e o assunto da carta ser "Pare de jogar dinheiro fora". Ou talvez colocar um ímã com o assunto "Atraia mais clientes". Pode parecer brega, e provavelmente é, mas essas coisas chamam a atenção, arrancam um sorriso e, o mais importante, quando bem-feitas, geram ótimos resultados.

Livros, cartões de acesso a conteúdo exclusivo on-line e pen-drives são outros itens excelentes que você pode inserir em envelopes para deixá-los gordos. Além de chamarem a atenção depois de abertos, são itens que, em geral, não são jogados fora. Seus clientes e prospectos provavelmente guardarão o que você enviou, e isso funcionará como um lembrete constante da sua existência.

O próximo nível do envelope gordo é o "pacote choque e espanto".[7] Ele talvez seja uma das mais poderosas ferramentas de

---

[7] Costuma-se atribuir a invenção do nome e do conceito a Dan Kennedy, uma lenda do marketing direto.

follow-up de marketing de resposta direta que existem. Quando bem-feito, pode fazer as conversões dispararem, posicionando você muito acima dos concorrentes. É tão poderosa que, na prática, aniquila a concorrência e coloca você em uma categoria à parte. O mais incrível nos "pacotes choque e espanto" é que, mesmo quando seus concorrentes descobrem o que você está fazendo, em geral não vão ter coragem de copiar você. Praticamente ninguém faz isso.

No capítulo anterior, falamos sobre a importância de capturar os detalhes dos prospectos que manifestaram interesse. O objetivo, logicamente, é manter e fomentar o contato até que o prospecto esteja pronto para se tornar cliente.

Agora, pense em quando foi a última vez que você perguntou sobre um produto ou serviço. Talvez tenha mandado uma mensagem no *Whatsapp*, um e-mail, ou tenha ido diretamente ao site. Você fez a típica "dança" do prospecto que "pede mais informações". E o que você recebeu em resposta a essa consulta? Provavelmente a empresa que você consultou fez uma das seguintes coisas:

- Enviou um link.
- Enviou um e-mail (talvez acompanhado de alguns anexos).
- Atendeu você pelo *Whatsapp* e respondeu suas perguntas.

A empresa pode ter feito tudo, ou apenas algumas coisas. Mas você notou o que aconteceu? Sua consulta sempre é respondida da forma mais barata e eficiente. Não há nada de errado em ser barato ou eficiente, mas isso não diverte, não agrada nem inspira ninguém. Ninguém vai parar para dizer: "Uau, eles me mandaram um PDF com todas as especificações. Incrível!"

Nas primeiríssimas interações com os prospectos, você tem a oportunidade de deixar uma das três impressões:

1. Mais do mesmo.
2. Uma porcaria.
3. Incrível, fantástico, extraordinário.

A maioria dos empresários escolhe a opção 1; um número surpreendentemente grande, a opção 2; e quase ninguém escolhe a opção 3. Sua missão, portanto, é dar um jeito de ser a opção 3. Felizmente, você não precisa reinventar a roda porque o "pacote choque e espanto" é uma das melhores formas de se tornar incrível, fantástico, extraordinário.

Um "pacote choque e espanto" é, basicamente, uma caixa física que você entrega aos prospectos cheia de ativos únicos, repletos de vantagens relacionadas à sua empresa ou ao seu setor. Eis algumas coisas que você pode e deve incluir em um "pacote de choque e espanto":

- Livros: as pessoas estão condicionadas a quase nunca jogar livros fora. Muitos pontos de bônus se o livro tiver sido escrito por você. Os livros são uma ferramenta incrível de posicionamento. Eles catapultam você de vendedor a educador em um segundo, e daí a autoridade especialista. É isso que eu estou fazendo neste exato instante com este livro! :)
- Cartões de acesso a conteúdo exclusivo apresentando você e os problemas específicos que seu produto, serviço ou empresa resolvem.
- Depoimentos de antigos clientes em forma de vídeo, áudio ou texto.
- Uma coletânea de menções na mídia ou reportagens sobre você, seu produto ou setor.
- Folhetos, livretos e outros materiais de marketing.
- Relatórios independentes ou artigos especializados que comprovem seus argumentos ou demonstrem o valor do seu tipo de produto ou serviço.
- Uma amostra de seus produtos ou serviços. Cupons ou vale-presentes com valor de face impresso podem ter muito poder, pois o simples fato de jogá-los fora dá a sensação de "dinheiro desperdiçado". Também motivam o prospecto a experimentar o que você tem a oferecer.
- Brindes e presentes incomuns que divirtam, informem e surpreendam. Já ouvi falar de todos os tipos, de canecas personalizadas até iPads.

- Bilhetes escritos à mão agradecendo a consulta ou recapitulando o contato prévio.

"O quêêêê?" Estou até ouvindo você dizer. Correio tradicional na "era da informação", de acesso instantâneo e sob demanda? A resposta é SIM! Confie em mim, ninguém gosta mais de tecnologia do que eu. Sou obcecado pelos últimos lançamentos e vivo grudado em uma de várias telas. No entanto, como a maioria das pessoas, adoro receber pacotinhos — ainda mais quando são inesperados.

Embora o correio tradicional entregasse um volume muito maior de correspondências antigamente, agora ficou muito mais fácil fazer sua mensagem ser notada com o correio físico e pacotes especiais. Quando uma caixa da FedEx pousa na sua mesa, quanto tempo você leva para rasgar e abrir o pacote? Desconfio que não demore muito...

Não estou dizendo que você não deva mandar respostas mais imediatas a consultas por *Whatsapp*, e-mail ou internet, mas entenda que as primeiríssimas interações com um prospecto são sagradas e devem ser planejadas com cuidado. Nada deve ser deixado ao acaso. Um "pacote de choque e espanto" é uma ferramenta maravilhosa para entregar aquela emoção "uau".

O "pacote de choque e espanto" deve realizar três coisas:

- Dar ao prospecto um valor incrível e inesperado.
- Posicionar você como especialista e autoridade confiável no seu ramo.
- Levar o prospecto mais adiante no ciclo de compra.

Isso é muito mais poderoso do que um "É claro, vamos enviar um e-mail com todas as informações" padronizado.

Uma objeção constante que os empresários fazem aos "pacotes choque e espanto" é que são caros demais. No capítulo anterior, comentamos que, quanto mais dinheiro você puder gastar em marketing com prospectos de alta probabilidade, maiores as chances de convertê-los em clientes. E é disso que o "pacote choque e espanto" trata. Se você puder gastar mais do que a concorrência seduzindo e maravilhando os prospectos, vai conquistá-los para sempre. É claro que **você precisa ficar de olho nos números**, principalmente no valor de tempo de vida, para não entrar no vermelho. **Nunca troque um bom marketing por contas ruins.**

Por isso, é claro que os números precisam fazer sentido. A menos que você esteja com margens baixíssimas, em um negócio de natureza efêmera (algo que não recomendo), os números devem fazer sentido e o envio do "pacote choque e espanto" deve ser muito econômico.

Não cometa o erro de tentar ser barato e eficiente, quando o assunto é seduzir prospectos. Os "pacotes choque e espanto" são uma enorme vantagem competitiva. A maioria dos concorrentes não entenderá a tática, e, em geral, mesmo aqueles que entenderem não terão coragem de usá-la, porque, se forem como a maioria das empresas, desconhecerão os próprios números. Provavelmente vão considerá-la cara demais; afinal, existem maneiras mais baratas e mais eficientes de adquirir clientes. Deixe seus concorrentes fazerem marketing barato e eficiente, enquanto o seu marketing diverte, inspira e espanta. Isso colocará você em grande destaque.

Torne seu marketing prolífico

Uma característica comum a muitas empresas de crescimento rápido é que elas focam pesado no marketing, fazendo muitas ofertas. Algumas delas são um sucesso, mas muitas acabam se revelando equívocos. A parte animadora é que você não precisa de muitos sucessos para compensar seus equívocos, sobretudo se você fizer "apostas baixas" nos testes iniciais, com pequenas parcelas da sua lista.

Ao fazer muitas ofertas, você começa a ter uma ideia muito boa do que funciona e do que não. Quando seu marketing se torna prolífico, fica muito mais fácil identificar tendências e medir cientificamente as reações, subdividindo os testes.

Outra característica importante das empresas de crescimento elevado é que elas não são tímidas nas suas ofertas. Elas assumem riscos, usam textos convincentes e dão garantias imbatíveis.

Será mesmo tão simples assim? Fazer ofertas mais convincentes e mais frequentes? A resposta é: sim, porque os fundamentos não mudam nunca. É claro que hoje existem mais canais de mídia para fazer ofertas, além de novas tecnologias que nos ajudam a monitorar o retorno sobre investimento e a fazer testes subdivididos, mas os fundamentos permanecerão os mesmos.

Ofertas mais convincentes e mais frequentes = crescimento rápido.

Por isso, fazer um marketing mais prolífico provoca um alarde em torno do seu negócio. Seus clientes e prospectos passam a prestar mais atenção e você se destaca da confusão, aumentando o fluxo de vendas.

Qualquer mudança que seja incorporada à sua rotina, seja ela positiva ou negativa, terá um impacto profundo com o passar do tempo. Caso internalize a criação e o envio de ofertas à sua lista de clientes e prospectos, em pouco tempo você terá um negócio drasticamente diferente.

Resumindo: fazer ofertas regulares melhora seu marketing. Portanto, aprimorar-se na ciência do marketing é a chave para um rápido crescimento da empresa.

Quando você se aprimora, tudo fica melhor para você.

Invente, realize e padronize

Na escola, você foi ensinado a ser independente. Precisou tirar notas boas em matemática, ciências e português para passar de ano. Agora imagine se, dentro de uma classe, fosse possível compartilhar os talentos individuais? Um amigo bom em matemática faria todas as provas da matéria. Outro, bom em ciências, faria todas as provas de ciências. Por fim, você faria todas as provas de português, porque é o que você domina. Na escola, essa estrutura de trabalho colaborativa seria considerada desonesta e os três poderiam ser punidos ou até expulsos. Nas empresas, porém, compartilhar talentos variados em prol de uma mesma meta é exatamente o tipo de estrutura que gera bons resultados. Empresas são esportes coletivos: não dá para chegar ao pódio sozinho.

São necessários "tipos" diferentes de aptidão para que uma empresa funcione. Eis os três principais:

1. **O(A) empreendedor(a):** é a pessoa das ideias, ou o visionário. Enxerga um problema ou uma lacuna no mercado e se dispõe a correr riscos para resolver esse problema em troca de lucro. O empreendedor **inventa**. Por exemplo, ao enxergar uma demanda no mercado por um produto específico, é ele quem vai atrás das pessoas certas para colocar uma empresa de pé e funcionando.
2. **O(A) especialista:** é a pessoa que implementa a visão do empreendedor. Pode ser um engenheiro, um administrador de capital de risco, um designer gráfico. É a pessoa que pega a visão, ou uma parte dela, e ajuda a torná-la realidade. O especialista **realiza**. A construção da fábrica para a produção do item, a obtenção dos equipamentos certos, a criação da embalagem do produto, tudo isso é ele quem faz.
3. **O(A) gerente:** chega todo dia e certifica-se de que tudo está sendo feito, que o serviço foi entregue e que a visão está nos trilhos. O gerente **padroniza**. A gestão da fábrica, a garantia de que as entregas aconteçam no prazo, a certeza de que a qualidade está correta, tudo isso é de sua responsabilidade.

Os três tipos são necessários para o sucesso de um negócio. Porém, é extremamente raro que apenas uma pessoa seja boa em todos os três. Muitos pequenos empresários são ou o empreendedor ou o especialista, ou ambos, mas raramente o gerente.

Mesmo que atualmente você seja o operador solitário de sua empresa, você precisa encontrar um jeito de garantir essas três aptidões. É possível fazer isso contratando ou terceirizando. Muitos pequenos empresários tentam assumir coisas demais e a máquina acaba inevitavelmente escapando por entre os dedos. A falta de uma função gerencial é, muitas vezes, o motivo pelo qual a infraestrutura de marketing nunca fica de pé nem funciona de maneira adequada. Por essa razão, as *newsletters* mensais ou os "pacotes de choque e espanto" nunca são enviados. O empresário pode até achar que são ótimas ideias de fomento de *leads* (e são), mas ele está ocupado demais sendo o empreendedor ou o especialista e, à falta de um gerente para cuidar da infraestrutura de marketing, a parte operacional acaba deixada de lado.

De que adianta, então, ter ferramentas de marketing sofisticadas e ativos potentes como um "pacote de choque e espanto" se nada disso é implementado de maneira consistente?

Provavelmente, em outros setores da sua empresa, em algum momento outras pessoas já cuidaram de todos os três papéis. Por exemplo, quando você estava começando, teve a ideia e a visão daquilo que ia criar — você **inventou**. Então, você pode ter contratado um advogado para montar a estrutura jurídica da empresa — foi ele quem **realizou**. Depois, todos os anos, seu contador pode ter cuidado das declarações de imposto e da papelada fiscal — ele **padronizou**.

É crucial que você faça a mesma coisa com sua infraestrutura de marketing. Coloque os sistemas no devido lugar (falaremos mais sobre sistemas no Capítulo 7). Crie as ideias de marketing ou, melhor ainda, roube descaradamente as ideias deste livro; contrate designers gráficos, desenvolvedores e redatores publicitários para realizar; depois busque reforços administrativos ou use serviços terceirizados para padronizar. Como já discutido, grande parte desse processo pode ser automatizado, e o que não puder ser, deve ser delegado. A infraestrutura de marketing é um pilar do seu negócio importante demais para ser negligenciado. Não ter uma estrutura que seja funcional e operacional vai prejudicar, talvez até mesmo matar, o seu negócio.

Se você é cuidadoso com as suas obrigações fiscais é porque o governo o obriga isso. O calendário determina quando entregar as declarações e pagar as taxas.

Sugiro que você crie um mecanismo de obrigatoriedade semelhante, um "calendário de marketing" que determine quais as atividades de marketing em níveis diário, semanal, mensal, trimestral e anual. Assim como faria com qualquer outro evento de negócios importante, tudo isso deve estar em sua agenda.

Por exemplo, talvez você possa definir o calendário de marketing a seguir para sua empresa:

- **Diário:** Checar e responder as menções nas redes sociais.
- **Semanal:** Escrever um post para o blog e enviar o link automaticamente por e-mail para a lista de assinantes.

- **Mensal:** Enviar pelo correio a clientes e prospectos uma *newsletter* impressa ou um cartão.
- **Trimestral:** Enviar uma carta de reativação a ex-clientes que não fizeram compras recentes.
- **Anual:** Enviar a todos os clientes uma caixinha com brindes, agradecendo por terem feito negócio.

Depois de ter decidido **o que** e **quando** precisa ser feito, falta apenas decidir quem será o responsável pela execução de cada uma dessas atividades de marketing agendadas. Uma vez mais, se você for uma pequena empresa ou o único operador, não tente fazer tudo sozinho. Sempre que possível, delegue a responsabilidade por essas atividades operacionais recorrentes.

Além das atividades de marketing regulares, agendadas, é preciso pensar nas atividades de marketing provocadas por eventos pontuais. Vejamos os seguintes gatilhos de eventos e suas ações correspondentes:

- **Um encontro com um possível prospecto em um evento comercial:** Inclua em seu sistema de CRM os contatos do cartão da pessoa e coloque-a na lista de correspondências ou da *newsletter* mensal.
- **Uma consulta de vendas:** Envie um bilhete escrito à mão e seu "pacote choque e espanto".
- **Um novo assinante para a lista de e-mails do seu blog:** Acrescente-o ao seu sistema de CRM, que envia automaticamente uma série de vídeos informativos em cinco capítulos ao longo do mês seguinte.
- **Uma reclamação de cliente:** Resolvida a questão, envie um pedido de desculpas escrito à mão e um cupom de desconto de 100 reais para a próxima compra.

Uma vez mais, quanto for possível, delegue todo o trabalho de resposta a eventos. Isto vai liberar você para executar tarefas de marketing de nível mais alto, como a elaboração e o teste de novas campanhas ou a melhoria do valor da sua oferta. Poucas atividades empresariais compensam tanto quanto trabalhar seu marketing.

Mesmo que atualmente sua empresa seja pequena, terceirize o administrativo contratando um gerente que "toque a fábrica" para você, garantindo que seu marketing, agendado ou provocado por eventos pontuais, seja padronizado.

De um modo geral, empreendedores têm essa mentalidade do "eu consigo fazer" e isso muitas vezes faz com que eles arregacem as mangas e ataquem. O problema é que gastar muito tempo fazendo coisas que não são da sua área de expertise ou que não resultam em um tempo bem empregado pode rapidamente virar uma brincadeira muito cara. Lembre-se: dinheiro é um recurso renovável (sempre dá para ganhar mais), mas tempo não.

Ao terceirizar ou delegar tarefas, outra preocupação recorrente é a qualidade da entrega. O serviço vai ser tão bem-feito quanto seria se fosse feito por você? A resposta é: provavelmente não. Mas uma regra geral que eu gosto de adotar é: **se alguém puder fazer 80% do que você faz, então é melhor delegar.**

Desapegar pode ser difícil — ainda mais se você for um perfeccionista controlador, como são quase todos os empreendedores —, mas é necessário se você quiser conseguir escala e alavancagem no seu negócio. Do contrário, na prática, é como se você pagasse a si mesmo um salário mínimo para executar tarefas rotineiras, sacrificando ao mesmo tempo tarefas de valor elevado e que podem levar sua empresa a um patamar inédito (como montar a infraestrutura de marketing).

Eis um pouco de sabedoria atemporal de Jim Rohn:

> *Saiba separar o que é importante e o que não é. Muita gente corta um dobrado simplesmente por dar importância demais a coisas pequenas.*
>
> *Não confunda agitação com realização. É fácil se enganar apenas se mantendo ocupado. Mas a pergunta é: você está ocupado com o quê?*
>
> *Um dia custa caro. Quando você perde um dia, tem um a menos para gastar. Por isso, certifique-se de gastar cada dia com sabedoria.*

Ninguém pode se dar ao luxo de gastar tempo importante em coisas desimportantes, nem de gastar tempo desimportante com coisas importantes.

Tempo vale mais do que dinheiro. Dinheiro se recupera; tempo não.

O tempo é o segredo mais bem-guardado dos ricos.

Outra queixa muito comum é que é caro demais contratar ou terceirizar ajuda. Isso pode até ter sido verdade alguns anos atrás, mas deixou de ser, graças às maravilhas da "geoarbitragem", que é o aproveitamento da diferença de preço de mão de obra entre os países. Há um banco de talentos imenso no Sudeste Asiático, na Índia e no Leste Europeu, com pessoas capazes de atendê-lo a um custo bem menor do que empregados e terceirizados locais.

Existe, portanto, um bom motivo para que as grandes empresas transfiram boa parte de suas operações de rotina para essas regiões, que estão cheias de profissionais talentosos, motivados, bem-educados e que falam inglês fluente.

Hoje é possível atribuir tarefas e vê-las acontecer como em um passe de mágica, enquanto você dorme. O mais importante disso tudo é: não se trata de uma questão apenas de custo, mas também de escala. Em nível local, é preciso cumprir todo tipo de burocracia trabalhista ao contratar e dispensar empregados, ou até terceirizados. Graças, porém, a grandes plataformas on-line de empregos, é possível contratar um exército de assistentes, designers, desenvolvedores e quase todo tipo de competência que se possa imaginar. São profissionais que podem operar sob demanda, para trabalhar em um projeto isolado, ou de forma permanente, como parte da equipe.

A produção deste livro é um exemplo perfeito dessa lógica. Ele foi escrito por mim na Austrália e um editor estava nos Estados Unidos e o outro no Canadá. O projeto da capa foi feito por um designer na Índia, e meu assistente de pesquisa mora nas Filipinas. A internet rompeu as barreiras geográficas, permitindo que todos disponham de uma mão de obra global. Nunca tanto talento esteve tão facilmente disponível com um custo-benefício tão bom.

É claro que, de vez em quando, surge aquele argumento patriótico batido, da geração local de empregos. Mas quantos empregos locais você vai gerar se não implementar estratégias de marketing cruciais e quebrar? A globalização da mão de obra é uma realidade há bastante tempo. Se antes a terceirização internacional e a geoarbitragem eram exclusividade das grandes multinacionais, agora elas estão ao alcance fácil de pequenas e médias empresas e de empreendedores como você e eu. É uma verdadeira revolução. Como empreendedores, nossa missão é abraçar a mudança e encontrar formas de alavancá-la e aproveitá-la, em vez de combatê-la.

Estabelecida e próspera, aí sim sua empresa começará a gerar empregos locais. Ao reformar sua casa, fazer uma doação generosa a uma boa causa ou comprando um carro novo, você está gerando empregos locais e beneficiando a comunidade local. A maior parte disso não será possível se o seu negócio falir.

Tarefa do Capítulo 5:

Qual é o seu sistema de fomento de *leads*?

Preencha o quadrado número 5 do seu formulário do Plano de Marketing de 1 Página.

6
COMO CONVERTER VENDAS

Resumo do Capítulo 6

A conversão de vendas é pura e simplesmente uma questão de criar confiança suficiente e demonstrar valor suficiente para motivar o *lead* interessado a se tornar um cliente pagante. Um posicionamento correto torna o processo de conversão de vendas mais fácil e natural para ambas as partes, você e o cliente.

Entre os principais tópicos cobertos neste capítulo estão:

- Por que se posicionar é o fator crucial quando se trata de cobrar preços altos por produtos e serviços.
- Como se posicionar para vender sendo um convidado bem-vindo em vez de um incômodo.
- Por que as probabilidades jogam contra quando se é uma pequena ou média empresa e o que fazer para equilibrar esse jogo.
- Como reduzir fortemente a percepção de risco dos seus clientes quando a questão é comprar de você.
- Como gerar confiança e credibilidade instantâneas ao vender.
- Como precificar corretamente seus produtos e serviços.
- Como afastar os obstáculos que impedem as pessoas de comprar.

Como converter vendas

Todo cachorro morde

Talvez você já tenha ouvido uma velha piada sem graça que aparece no filme *A volta da pantera cor-de-rosa*. Peter Sellers, no papel do desajeitado inspetor Clouseau, vê um cachorrinho fofo e, com seu ridículo sotaque francês, pergunta ao homem ao lado do cão: "Seu cachorro morde?" O homem balança a cabeça e diz: "Não." Então, Clouseau se aproxima para afagar o cachorro, que nesse instante ataca e morde a mão dele. Clouseau vira-se para o homem e pergunta, indignado: "O senhor não disse que seu cachorro não morde?" Ao que o homem responde em tom casual: "Este não é o meu cachorro."

Você vende para pessoas que já levaram muitas mordidas e passaram a achar que todo cachorro morde. O fato é que, a menos que você seja o líder incontestável do seu setor, o processo de venda não parte de um território neutro: você já está em desvantagem, em território desfavorável. Mesmo que seja um competidor ético, seus prospectos ficaram blindados e não confiam em você. Infelizmente, todo processo de venda opera sob a lógica do "culpado até que se prove o contrário", e é responsabilidade sua percorrer o caminho que leva do território desfavorável para o favorável, conquistando a confiança para que a venda possa acontecer.

Sendo a confiança um obstáculo significativo para as vendas, é preciso dispor de estratégias sólidas de conversão. Embora o escopo deste livro não abarque um programa abrangente de treinamento de vendas, neste capítulo vamos analisar algumas estratégias e táticas que facilitarão muito o processo.[8] Mais especificamente, vamos debater o papel central desempenhado pelo posicionamento e

---

[8] Para um estudo abrangente de estratégias modernas de vendas, recomendo fortemente o livro *SPIN Selling*, de Neil Rackham.

como tornar um posicionamento adequado parte do seu processo de conversão de vendas baseado em confiança.

Nos dois capítulos anteriores, falamos sobre como capturar e fomentar *leads* de alta probabilidade, de modo a aumentar a confiança, o valor e a autoridade. Tudo isso foi feito com o objetivo de tornar o processo de conversão de vendas natural e fácil. No momento em que você leva o prospecto ao ponto da conversão em venda, ele precisa já estar pré-enquadrado, pré-motivado e pré-interessado, ou seja, basicamente pedindo para comprar de você. Caso você precise convencê-lo ou recorrer a técnicas de vendas mais agressivas (*hard sell*, no jargão do marketing), é porque provavelmente deve melhorar seu processo de fomento de *leads*.

A maioria dos profissionais de venda se coloca em posição de súplica desesperada. São esses os vendedores chatos, insistentes, que usam técnicas de "fechamento" estúpidas e ultrapassadas, como o ABC (*always be closing*, "sempre esteja fechando"), o "fechamento experimental" ou o "fechamento presumido". Todas essas técnicas viraram piada no setor de vendas e, a menos que você esteja oferecendo produtos de preço baixo, vão gerar ainda mais desconfiança no prospecto em vez de ajudar você.

Outra abordagem igualmente ruim, adotada em muitos negócios novos, é ficar na expectativa de que a venda ocorra graças ao simples fato de que a empresa existe. Há quem abra uma loja física e espere os clientes entrarem, há quem lance um site e espere os acessos acontecerem. Nesses casos, a estratégia de marketing é a esperança. Algumas poucas vendas até acontecem considerando a simples existência do negócio, é claro, como quando um prospecto aleatório passa na porta da loja ou cai sem querer no site. Mas saiba que esse é o caminho certo para a frustração. Muitas empresas assim vendem apenas o mínimo suficiente para ficarem de pé se torturando até a morte. Quando isso acontece, o empresário simplesmente conclui que o mercado ou o setor é competitivo demais.

Verdade seja dita, desconheço mercado ou setor que não seja competitivo. Mas de uma coisa tenho certeza: em qualquer mercado ou setor que você olhar, por mais competitivo que seja, sempre haverá alguém se dando muito bem e alguém em dificuldade.

Sendo totalmente honesto, não dá para atribuir isso a um problema "do mercado" ou "do setor". Qual seria o problema, então? Resposta: provavelmente estamos nos posicionando como uma *commodity*, como um tipo de empresa que é só "mais uma".

Nessas condições, suas únicas armas de marketing são gritar o mais alto possível (o que sai muito caro) ou dar descontos cada vez mais agressivos (o que é perigoso). A menos que você seja uma Samsung, Pepsico ou outro gigante assim, o ideal é que o preço realmente não seja seu principal diferencial, pois essa é uma batalha que você não tem como vencer.

Em determinado momento, muitas dessas empresas se dão conta da própria loucura e começam a fazer declarações duvidosas e impossíveis de verificar, coisas do tipo "somos os melhores do mercado", "nossos produtos têm mais qualidade" etc.

Não existe dinheiro no seu produto ou serviço

Quer você esteja vendendo pãozinho recém-saído do forno, serviços de contabilidade ou suporte de TI, a forma como você se promove tem um forte impacto sobre os clientes que você atrai e sobre quanto você pode cobrar por seus serviços. Costuma-se acreditar que "a questão é o produto" e que, se você tiver o melhor produto ou serviço, automaticamente será maior a probabilidade de que comprem de você e paguem a mais por isso.

Embora até certo ponto isso seja verdade, a "lei de retornos decrescentes" entra em ação quando seu produto ou serviço atinge um ponto do "bom o suficiente". Afinal, até que ponto seu suporte de TI, seu serviço de contabilidade ou seu pão são melhores que os da concorrência? Tendo atingido certo grau de competência, **o lucro real vem da forma como você se promove**.

Quanto ganha um violinista de nível internacional? Bem, depende de como ele se promove. Já ouviu falar de Joshua Bell? Pois bem, Bell é um dos maiores artistas da música clássica da atualidade. Ele se apresenta em casas de espetáculos lotadas pelo mundo inteiro e ganha mais de mil dólares por minuto. Seu violino Stradivarius, construído em 1713, hoje está avaliado em quase 3,5 milhões de dólares. Este instrumento específico, com mais de trezentos anos de idade, é considerado o de mais belo som já produzido.

Portanto, temos o melhor violinista do mundo tocando o mais belo violino de todos os tempos. Pode-se afirmar com segurança que Bell, como músico, é o melhor naquilo que faz. Agora veja que curioso. No auge da carreira, Bell foi convidado pelo jornal *The Washington Post* para participar de uma experiência social. Pediram que ele tocasse no metrô de Washington por uma hora, durante a qual milhares de pessoas passariam por ele e o ouviriam tocar. Assim, na manhã de 12 de janeiro de 2007, Bell tocou um repertório de obras-primas clássicas, deixando a caixa do violino aberta. Sabe quanto o melhor violinista do mundo, tocando um belo violino de 3,5 milhões de dólares, arrecadou em uma hora? A impressionante quantia de 32 dólares.

> Para assistir ao vídeo da experiência social com Joshua Bell, visite 1pmp.com

O melhor violinista tocando o mais belo instrumento ganhou pífios 32 dólares de seus "clientes". Mas, algumas noites antes, esse mesmo músico tocou em um auditório em Boston, e cada pessoa pagou 100 dólares ou mais pelo ingresso. Nesse evento específico, Bell faturou 60 mil dólares por hora. O motivo de uma diferença tão absurda? Em uma palavra: posicionamento.

Se você for profissional e se posicionar como um músico de metrô, seus "clientes" vão tratá-lo como tal e pagar de acordo. Em contrapartida, posicionando-se como um intérprete profissional de concertos, sua clientela será totalmente diferente e, uma vez mais, você será pago de acordo. Em outras palavras, em geral as pessoas o encaram da forma como você se valoriza — ou até que se prove o contrário.

É claro que a ideia aqui não é enganar as pessoas, posicionando-se como um músico profissional caso você seja incapaz de oferecer um desempenho de alto nível. A máxima se aplica para qualquer setor. Se você possui um produto ou serviço de qualidade, o que o impede de se posicionar em um patamar muito mais alto — propondo-o a um valor premium e atraindo um cliente de qualidade muito mais elevada?

Pare de se posicionar como "mais um". Quem é "mais um" compete apenas em escala de preço. O resultado dessa mudança será fenomenal para o seu balanço.

De inconveniente a bem-vindo

Como você se sente em relação a um amigo querido que bate de repente na porta da sua casa? Compare com como você se sente em relação a um vendedor desconhecido, que interrompe seu jantar ou seu tempo livre com a família para oferecer um novo serviço de internet que está sendo instalado na rua. Qual a diferença? O primeiro é um convidado bem-vindo, alguém com quem você tem uma relação e uma conexão. O segundo é um incômodo. Você não sabe quem é, nem de onde vem, e muito provavelmente não vai querer nem precisa mudar seu plano de internet, obrigado.

O convidado bem-vindo agrega valor à sua vida, enquanto o incômodo está lá apenas para interromper você e conseguir alguma coisa. Não seria ótimo se você pudesse abordar o prospecto e ser tratado por ele como um convidado bem-vindo, e não como um incômodo? A venda se torna muito mais fácil e agradável quando você é recebido de braços abertos e quando o prospecto está muito interessado no que você tem a oferecer. Essa é a transformação que eu gostaria que você fizesse no seu negócio e no seu marketing: de inconveniente a convidado bem-vindo.

A maioria das empresas tenta vender sem antes conquistar a confiança. Fazem um *cold call*, uma chamada "a frio", ou usam métodos publicitários obsoletos.

O problema com essas abordagens é que você está pedindo ao cliente que tome uma decisão sem fazer ideia de quem você é ou daquilo que representa. Ele não conhece você, não gosta de você e ainda não confia em você.

É como pedir uma pessoa em casamento no primeiro encontro — é claro que pode dar certo uma vez na vida, mas será que você quer mesmo que sua estratégia ou seu negócio dependa inteiramente de um golpe de sorte? Você vai acabar com uma taxa de fechamento ruim, digamos uma em dez ou vinte, desperdiçando tempo, energia e dinheiro importantes com prospectos pouco qualificados. Além disso, vai perder muito dinheiro com publicidade ruim.

Vejamos. Você lança um anúncio genérico e diz a quem entra em contato: "Claro, posso ir visitá-lo" ou "claro, posso ajudá-lo". O problema disso é que as pessoas mal o conhecem e provavelmente estão apenas pesquisando preços. Portanto, sua taxa de conversão deve ficar em um patamar muito inferior ao que poderia ser.

Nesse estágio, muitos empresários se viciam em uma droga que chamo de "esperancina". A esperancina se espalha pelo corpo e pela mente quando você "acha" que tem um prospecto interessado enviando sinais positivos, mas que na verdade não tem intenção de comprar de você. Ela geralmente é ativada quando seu prospecto diz: "Me fala um pouco mais sobre o seu produto...". "Me manda um orçamento..." ou "queria mais informações...". Você sabe do que eu estou falando, não sabe? Alguém manda uma mensagem, demonstra interesse no que você tem a oferecer, e instantaneamente você sente aquela "onda" de entusiasmo por aquela que será sua próxima venda.

E então, passados alguns dias ou semanas com você atrás da pessoa o tempo todo, começa o "tratamento silencioso". Você teve algumas boas conversas, e o prospecto expressou interesse naquilo que você oferece, mas de uma hora para outra a coisa esfria. Você tenta ligar de volta uma ou duas vezes. Manda um e-mail de *follow-up*, e nada. A pessoa simplesmente desaparece. Aí você se dá conta de que, por algum motivo, perdeu a venda, mesmo sem saber o que fez de errado ou o que havia de errado com o seu produto. Nesses termos, vender dá a impressão de ser um processo doloroso e árduo.

A esperancina é perigosa porque não se baseia na realidade daquilo que seu prospecto de fato pensa. Quanto antes você se "desintoxicar" da esperancina, mais rapidamente vai parar de perder seu tempo de vendas em busca de prospectos que não se encaixam na sua solução.

Com o passar dos anos, as pessoas vêm se tornando cada vez mais céticas. Como prospectos, elas já se ferraram muitas vezes e por isso não acreditam em você. Então, o problema não é nem começar do zero, é começar abaixo de zero. O velho método do "feche, feche, feche... venda, venda, venda" já não funciona mais. Os possíveis clientes se irritam e acabam não fazendo nada por falta de confiança.

O caminho certo nos dias de hoje é seguir o modelo do "educar, educar, educar". Educando, você conquista confiança. Educando, você se posiciona como especialista. Educando, você constrói relacionamentos. Educando, você torna o processo de vendas mais fácil tanto para o comprador quanto para o vendedor.

Como discutido no capítulo anterior, em vez de tentar vender desde o pontapé inicial, a primeira coisa a fazer é oferecer ao leitor um conteúdo rico, com informações valiosas abordando o problema dele. Um relatório, uma entrevista, um vídeo, um webinar, todos são excelentes ferramentas educacionais.

Retardar a venda mostra duas coisas. Primeiro, demonstra que você está disposto a dar muito antes de receber, o que quebra a resistência à venda. Segundo, apresenta você como educador e especialista na área. Pense nisso. De quem você preferiria comprar: um vendedor insistente salivando pela próxima comissão ou um expert, que prioriza os seus interesses e quer ajudar você a resolver seu problema?

Pare de vender e comece a educar. Ofereça sua consultoria e informações sobre os benefícios que seus produtos e serviços entregam, comparados a cada um dos concorrentes na sua categoria.

Vale a pena ler de novo: isso pode render uma fortuna.

Encaremos a realidade: ninguém quer ser visto como o estereótipo do vendedor insistente e pouco confiável. Se, por outro lado, você pensar em si mesmo como um médico que diagnostica e depois prescreve soluções para os problemas das pessoas, tenho certeza de que se sentirá muito mais à vontade vendendo nessas circunstâncias — como um conselheiro confiável, instruído, agradável, qualificado, confiante e competente.

E é exatamente disso que você necessita para ser considerado, diante dos olhos e da mente dos prospectos, alguém que os **educa** e resolve seus problemas.

Agora é um bom momento para compartilhar com você a minha definição de empreendedor: "Empreendedor é alguém que lucra resolvendo os problemas dos outros."

Moral da história: não deixe que, nem por um segundo, as pessoas pensem que você está ali para vender. A melhor abordagem de vendas sempre será via aconselhamento e consultoria, usando um sistema de fomento (falaremos mais a respeito em breve). Enxergue a si mesmo como um agente de mudança, um criador de valor, benefício e vantagem imensos para a vida de seus clientes e prospectos.

É claro que, para ser bem franco, todo mundo tenta se tornar especialista no setor. O problema é que a maioria dessas pessoas/empresas tem um marketing fraco. Uma cafeteria tenta, de fato, fazer o melhor café; só que não sabe fazer o marketing disso.

O método de venda de aconselhamento e consultoria tem o melhor custo-benefício e é a mais duradoura, impactante e poderosa estratégia de marketing que um empresário pode aplicar em seu negócio.

O poder agora está em suas mãos, basta que você tome a decisão de ser o consultor, conselheiro e educador de que seus prospectos ou clientes precisam, instruindo-os sobre todos os benefícios que seu produto traz para eles. Nesse mundo caótico em que vivemos, essa é a única forma de retomar o poder do comprador. Quando você para de vender e começa a educar, seus clientes passam a gostar mais de você, e o seu gerente e seu banco também.

Como conquistar a confiança

Pergunte a quem quiser: a maioria das pessoas dirá que odeia ter que lidar com a estupidez das grandes empresas. Serviço ruim, equipe indiferente e administração inacessível são características marcantes. Porém, por algum motivo, continuamos a fazer negócios com elas, mesmo sabendo que provavelmente existem opções muito melhores na praça.

Um dos principais motivos é a comodidade — embora a experiência possa não ser das melhores, provavelmente não será péssima. Como diz o ditado, "dos males, o menor". Picaretas e vendedores de ilusões levam muita gente a deixar de confiar nas pequenas empresas, por definição. As pessoas sabem que, embora as grandes empresas possam não prestar o melhor serviço, é pouco provável que ludibriem os clientes.

Se você é proprietário de uma pequena empresa, já está em desvantagem. Um cliente que faça uma pesquisa aprofundada sobre você pode até concluir que a sua empresa é confiável e presta um excelente serviço, mas a esmagadora maioria dos consumidores não se dará a esse trabalho. Muitos darão apenas uma olhada rápida e vão julgá-lo pela aparência.

É por isso que é cada vez mais importante apresentar sua empresa de um jeito que transmita confiança e credibilidade. O uso estratégico da tecnologia é uma das formas de equilibrar esse jogo. Até pouco tempo atrás, o acesso às ferramentas de tecnologia empresarial tinha um custo proibitivo para as pequenas empresas, sendo, assim, território das grandes. A internet, o *software as a service* (SaaS, no jargão do meio) e o armazenamento em nuvem tornaram o jogo mais equilibrado.

Uma famosa charge publicada na revista *The New Yorker* mostra um cachorro sentado diante de um computador, e a legenda: "Na internet, ninguém sabe que você é um cachorro." Isso ilustra como a tecnologia pode fazer os pequenos se sentirem como os grandes, equilibrando o jogo e ajudando a combater o viés da desconfiança das pequenas empresas.

A seguir, listei algumas ferramentas acessíveis que podem ajudar a apresentar sua empresa de uma maneira mais ampla e profissional. Além de trabalharem para mitigar o viés de desconfiança em relação às pequenas empresas, muitas delas também vão ajudá-lo a tocar o negócio e a aumentar sua escala de forma muito mais eficiente.

Site: Seu site é, provavelmente, um dos primeiros lugares onde os prospectos vão pesquisar você. Fique atento, porém, aos seguintes indícios, que gritam para prospectos em potencial que você é pequeno ou potencialmente pouco confiável:

- Nenhum número de telefone. O telefone precisa aparecer de forma destacada no topo de qualquer página.
- Um endereço de caixa postal, ou nenhum endereço, em vez de um endereço comercial físico normal. Mesmo que você trabalhe de casa, ofereça a opção de um espaço de *coworking* conveniente para você e apresente esse endereço como local para reuniões.
- Nenhuma política de privacidade e/ou termos de uso. Dá para encontrar modelos de ambos em toda parte.
- O design é pobre ou tem cara de barato. Não negligencie a aparência. Ainda que você mesmo crie o site, há modelos atraentes e fáceis de usar disponíveis a um custo mínimo.

Endereço de e-mail: Fico espantado ao ver quantas pequenas e até médias empresas colocam um endereço de e-mail do Hotmail, Gmail ou de outro provedor, em vez de usar um com seu próprio domínio. O que parece mais confiável: paulinho.s@gmail.com ou paulo.santos@nomedaempresa.com?

Número de telefone: Seu número de telefone pode revelar muito a seu respeito. Usar um número nacional de 0800 ou um número personalizado pode dar à empresa uma cara "nacional" e acessível. Também pode ajudar as pessoas a se lembrarem do seu número em meios de informação fugazes, como o rádio ou o outdoor, em que o prospecto dispõe apenas de uma fração de segundo para anotar.

CRM: Como discutido em capítulos anteriores, esse é o centro nevrálgico do seu marketing. Um sistema de gestão do relacionamento com o consumidor (CRM) ajuda você a rastrear as informações pessoais do cliente e a gerir e automatizar o *follow-up*. É uma forma muito mais eficiente de administrar o banco de dados de clientes do que uma simples planilha ou algum outro sistema de arquivamento improvisado.

Sistemas de *ticketing*: Caso você precise cuidar da assistência ou de informações ao cliente, um sistema de *ticketing* pode ajudar o acompanhamento das consultas. Isso pode reduzir drasticamente o fardo sobre você e sua equipe para responder a atualizações de status, ligações e e-mails. Também oferece ao possível cliente a segurança de que a demanda é rastreável e não caiu em algum limbo.

Essas são apenas algumas das ferramentas que podem ajudá-lo a combater o viés de desconfiança que prejudica as pequenas empresas. Com o uso delas, você pode entrar na briga contra os pesos-pesados e se apresentar como uma organização profissional, mesmo que esteja apenas começando.

Embora essas ferramentas não sejam um substituto para um excelente produto ou serviço, elas podem, sim, ajudá-lo a gerenciar a percepção. Mantenha-se focado no marketing e em pouco tempo o que antes era percepção terá se tornado realidade.

Garantias imbatíveis

Na primeira vez em que vi colherzinhas de provar em uma sorveteria, eu me dei conta de até que ponto nós temos aversão ao risco. O candidato a cliente de sorveteria retém uma fila de gente atrás de si enquanto experimenta vários sabores com colherzinhas de plástico. Tudo isso para assegurar que o sabor de sorvete que ele finalmente escolher não vá decepcioná-lo.

A inversão desse risco, sob a forma de uma garantia imbatível, significa que caso o produto ou serviço não agrade ao prospecto, quem tem algo a perder é *você*, e não ele. É preciso que isso seja algo mais forte do que um simples e banal "satisfação garantida ou seu dinheiro de volta". Ao ter algo a perder caso a venda não dê certo, você tem o caminho facilitado para a venda, evitando com muito mais facilidade que os sinais de alarme disparem no cérebro do seu prospecto.

Eis um exemplo prático. Se eu quero contratar uma empresa de TI para o meu negócio, que tipo de problemas eu devo temer? Eis algumas possibilidades que logo vêm à mente:

- Será que eles vão mandar algum técnico iniciante, que vai ficar horas e horas tentando encontrar uma solução, aprendendo na prática, enquanto me cobram honorários caríssimos por esse "privilégio"?

- Será que eles estarão disponíveis quando eu precisar de suporte de urgência?
- Será que os problemas que eles consertarem vão voltar a acontecer?
- Será que eles vão me enrolar com papo de nerd quando eu pedir explicações sobre o trabalho realizado ou o necessário?

Uma garantia de inversão de risco, nesse tipo de negócio, pode ser algo assim: "Nossos consultores de TI são profissionais certificados e experientes, treinados para resolver os seus problemas de modo que não voltem a ocorrer. Nosso compromisso é retornar ligações em, no máximo, quinze minutos e sempre fazer a comunicação em linguagem simples. Insistimos para que você comunique imediatamente caso essas garantias não sejam atendidas. Você será prontamente reembolsado com o dobro do valor da consultoria." Compare isto a uma promessa frágil e vaga, do tipo "satisfação garantida".

Para ser verdadeiramente eficiente no uso dessa técnica, você precisa evitar o blá-blá-blá genérico que todo mundo usa: satisfação garantida, serviço, qualidade, confiabilidade. Sua garantia precisa ser específica e tratar do medo ou da incerteza do prospecto em relação à transação.

Por exemplo, caso você esteja no ramo de controle de pragas, seu cliente quer saber que:

- As pragas não vão voltar.
- O técnico não vai sujar sua casa.
- Sua família e seus pets não vão ser envenenados pelas substâncias químicas.

Assim, sua garantia imbatível pode ser algo do gênero:

Nosso serviço garante uma casa livre de formigas, sem o uso de substâncias tóxicas. Nossos profissionais são treinados para deixar o ambiente dedetizado no mesmo estado de limpeza e arrumação encontrado no início do procedimento. Caso você não fique absolutamente satisfeito com o resultado, garantimos reembolso do dobro do valor do serviço.

Esse tipo de garantia é arriscado? Só se você fizer um serviço ruim com frequência. Se você estiver comprometido a prestar um serviço excelente aos clientes e treinar seu pessoal para isso, o risco será praticamente nulo. Mais importante, o risco será praticamente nulo para seus prospectos, o que torna muito mais fácil fechar as vendas. Em alguns casos, pode até ser que a lei exija que você dê garantias em relação à qualidade de seus produtos e serviços, consertando-os quando eles ficam aquém do prometido. Considerando que já exista uma obrigação jurídica, por que não ir um passo além e fazer disso um trunfo promocional do seu marketing?

Há mais uma questão relacionada às garantias. Quando você é um profissional ético, o mais provável é que já ofereça garantias e apenas esteja deixando de usá-la a seu favor no marketing. Por que, então, não fazer questão de falar de algo que você já faz? A maioria dos clientes é honesta e não vai abusar dessas garantias, sobretudo quando já recebeu o serviço que lhe foi prometido. Mesmo levando em conta os poucos que agirão de forma diferente, você estará em grande vantagem — uma garantia robusta atrai mais clientes do que uma frágil e vaga.

O empreendedor honesto enxergará seu negócio a partir do olhar do prospecto temeroso e cético, e reverterá qualquer risco percebido, facilitando o caminho para a venda. Isso resulta em clientes muito mais fiéis, que não se deixarão seduzir pelos concorrentes; em comparação, fazer negócio com os outros parecerá bem mais arriscado.

Uma garantia robusta e orientada para os resultados também leva você a entregar uma excelente experiência de consumo. Isto, por si só, garante que valha a pena oferecer essa garantia. O cliente tem seus próprios receios. A empresa capaz de identificá-los e oferecer uma garantia de antemão cria uma vantagem esmagadora em relação aos concorrentes.

A estratégia de precificação

Determinar o preço dos seus produtos e serviços é uma das decisões de maior peso no seu negócio. Ela influencia todos os aspectos do seu negócio, do financeiro à percepção do mercado em relação a você. Porém, dá-se pouquíssima atenção à psicologia e ao potencial de marketing do preço.

O preço do seu produto é um indicador crucial de posicionamento. Você acha que, na hora de estipular o preço final de um Porsche ou uma Ferrari, os empresários simplesmente somam o valor dos materiais e acrescentam um lucro aceitável? Improvável. O preço é um ativo central para o posicionamento do produto.

Como já discutimos neste capítulo, quando você se posiciona como um educador e um consultor confiável, o preço se torna muito mais flexível. Voltando a um exemplo que usei no começo do livro, quem precisa de cirurgia cardíaca recorre a um especialista, certo? Ok, mas, nesse caso, qual cirurgião cardíaco seria escolhido? O mais barato? Duvido.

Com enorme frequência, os empresários estabelecem preços com base naquilo que os concorrentes cobram. Uma prática comum é definir o preço ligeiramente abaixo do líder de mercado do setor. Outra forma frequente de decidir o preço é apenas pegar o custo e acrescentar uma mais-valia que pareça aceitável.

Ambas as práticas são aceitáveis como ponto de partida; porém, se você não pensar no marketing ou nas consequências emocionais do preço, é possível que esteja abrindo mão de consideráveis somas de dinheiro.

Muitas opções

Qualquer que seja o setor, a maioria dos produtos e serviços oferece muitas variantes ou sabores da oferta original. Henry Ford, notoriamente, oferecia a seus clientes o Ford Modelo T "em qualquer cor desejada, desde que seja a preta".

Diante da atual expectativa de infinitas escolhas e da ideia de expressar individualidade através de personalizações cada vez mais drásticas, embora pareça retrógrado, o grande industrial de fato levantou uma questão relevante para todo empreendedor. Até que ponto se deve oferecer opções?

O senso comum nos faz crer que, quanto mais opções se oferece, maiores são as vendas. Porém, essa falácia foi revelada inúmeras vezes.

Existe um estudo famoso de um professor de administração da Universidade Columbia que corrobora bem o argumento. Em um mercado gourmet da Califórnia, o professor Iyengar e seus assistentes de pesquisa montaram uma banquinha de amostras de geleia. De algumas em algumas horas, eles trocavam um mostruário com 24 sabores de geleia por outro, com apenas seis. Na média, os clientes provavam dois sabores de geleia, qualquer que fosse o tamanho do mostruário.

Eis a parte interessante: 60% dos clientes foram atraídos pelo mostruário maior contra apenas 40% que pararam diante do menor. Porém, 30% das pessoas que provaram do mostruário pequeno decidiram comprar, enquanto apenas 3% dos que viram a maior variedade de sabores compraram um pote.

A conclusão? Oferecer opções demais pode, na verdade, **impedir** a venda. A psicologia dessa conclusão é que as pessoas ficam como um cervo ofuscado pelos faróis. O medo de tomar uma decisão decepcionante as impede de tomar *qualquer* decisão.

Se você observar a Apple e seus produtos incrivelmente bem-sucedidos, perceberá que eles costumam ser oferecidos em apenas duas ou três variações. Esse parece ser o meio-termo ideal entre a falta de opções e a sobrecarga cerebral causada pelo excesso de escolha.

Nessa mesma linha, uma estratégia de precificação que eu tenho visto funcionar muito bem é oferecer uma variante "padrão" e outra "premium" de um serviço ou produto. A versão "premium" tem um preço cerca de 50% maior que a "padrão", mas oferece no mínimo duas vezes mais valor.

Ao usar essa técnica, é muito importante ter certeza de estar oferecendo verdadeiramente mais valor agregado com o "premium" do que com o "padrão". Essa estratégia funciona muito bem em casos onde o custo adicional de entregar o "premium" é relativamente baixo, porque o diferencial de preço acaba virando puro lucro no balanço final.

Inverta o risco com o "ilimitado"

A maioria das pessoas tem extrema aversão ao risco. Temermos cair na armadilha de uma cobrança inesperada, esteja ela relacionada ao uso de dados, a gastos com saúde ou a honorários de consultoria.

Como já discutido, se você puder remover o risco para o prospecto, aumentará enormemente a probabilidade de fechar a venda.

Uma estratégia excelente para a remoção desse risco é oferecer uma variante "ilimitada" do seu produto ou serviço a um preço fixo.

Por exemplo, uma empresa de TI pode oferecer suporte técnico "ilimitado" por uma taxa fixa mensal; um restaurante pode oferecer refil "ilimitado" de bebida. Embora muitos empresários temam que o abuso da opção ilimitada os leve à falência, esse viés pode ser facilmente solucionado no texto de "termos e condições". Essa seção permite um uso razoável, mas, ao mesmo tempo, impede ou limita exageros.

Quando se está vendendo, sobretudo, algo que precisa ser consumido em um período limitado, o risco de oferecer uma opção ilimitada é muito baixo. Analise o valor médio das transações ao longo do tempo: trabalhar com a lei das médias pode dar uma ideia bastante precisa de quanto custa oferecer uma opção ilimitada.

As pessoas tendem a superestimar quanto vão utilizar um produto ou serviço no momento da compra — meu aparelho de fazer abdominais é a prova disso! Por isso, oferecer uma opção ilimitada também ajuda a capitalizar esse lado, retirando qualquer percepção de risco de cobranças inesperadas.

O produto de tíquete altíssimo

Em todo mercado, existe um pequeno percentual da população que deseja comprar "a melhor" variante de um produto em sua categoria.

O indicador mais costumeiro usado pelo consumidor para determinar que algo é "o melhor" da categoria é o preço. Alguns consumidores pagarão dez, vinte ou cem vezes o preço de outros produtos com as mesmas funcionalidades — por exemplo, uma Mercedes, uma viagem de jatinho particular etc.

Mesmo que você não venda esse tipo de produto de tíquete alto todos os dias da semana, se não o disponibilizar em seu mix normal de ofertas, com certeza você estará deixando de ganhar dinheiro.

Esses itens de tíquete altíssimo podem representar um percentual altíssimo do seu lucro líquido, mesmo que você venda apenas um número baixíssimo de unidades. Eles também vão ajudá-lo a atrair um cliente mais abastado, que compra por critérios de prestígio, serviço e conveniência, e não pelo preço.

Por fim, um grande benefício do produto de tíquete altíssimo é que ele faz os preços das outras variantes no seu leque de produtores parecerem muito mais razoáveis, em comparação. Uma regra de ouro muito usada diz que 10% da sua base de clientes pagaria dez vezes mais, e 1% dos seus clientes, cem vezes mais. Assegure-se de não estar deixando de ganhar dinheiro por falta de itens de tíquete altíssimo em seu portfólio.

Resista à tentação do desconto

Quando se opera em um mercado altamente competitivo, a tentação de dar desconto no preço é recorrente. Essa estratégia, porém, deve ser usada com extrema cautela, tendo em vista a pressão que ela coloca em suas margens, em seu lucro e, mais importante, em seu posicionamento de mercado.

A menos que você tenha uma estratégia de "perda de líder" muito específica, tente evitar dar desconto a todo custo. Na estratégia de perda de líder, você tenta seduzir o cliente com base no preço e depois fazendo *upsell* (propor um item superior) ou *cross sell* (propor um item complementar) de outros produtos ou serviços, com margens mais altas.

Uma opção melhor que o desconto é aumentar o valor da oferta. Incluir bônus, aumentar as quantidades ou acrescentar serviços periféricos são opções que podem ter valor autêntico para o cliente, a um custo muito baixo para você.

Quaisquer que sejam as estratégias específicas que você escolha usar, é importante testá-las e medi-las continuamente. O cliente é uma mistura de emoções, motivado não apenas pela razão.

Sendo assim, torne a precificação um elemento central da sua estratégia de marketing como um todo.

Convide a testar antes de comprar

Algum tempo atrás, entrei na concessionária BMW da minha região para checar uma mensagem de erro que estava aparecendo no computador de bordo do meu carro. Em poucos minutos, o atendente da manutenção retornou. O pessoal da oficina tinha feito alguns pequenos ajustes. "Tudo resolvido", disse ele, explicando em seguida qual era o problema, em jargão técnico de automóvel. Assenti, fingindo entender o que ele estava dizendo para não castrar meu ego masculino.

Em seguida, ele me perguntou: "O senhor já quer deixar a revisão agendada? O computador de bordo está indicando que a data está próxima." Boa jogada de *upsell*. Eu respondi: "Claro, podemos marcar para meados do mês que vem." Então, o atendente da manutenção me informou que, agendando com tanta antecedência, eu teria direito a um carro substituto no dia. Pensei: *Excelente! Assim, eu não teria que pedir a ninguém para me buscar*. Pedi que emprestassem um carro do modelo logo acima do meu.

Esse pedido deve ter ligado uma luz de alerta no vendedor: cliente atual, com carro de três anos, cuja garantia acabou de chegar ao fim, pedindo para pegar e testar o modelo superior, mais caro, por um dia inteiro. Se alguém já jogou no colo uma oportunidade de vendas tão boa quanto essas, esse alguém era eu. Mas, em vez de reconhecer e agarrar a oportunidade, o funcionário pediu desculpas e disse que eu só poderia pegar um carro vários modelos abaixo do meu. Daí, passou alguns minutos me explicando como o modelo mais barato era bom.

Eu tive vontade de bater na testa dele e gritar "ALÔ! Tem alguém aí dentro? ALÔ!" Ou talvez eu devesse ter me inspirado no personagem de Julia Roberts em *Uma linda mulher*, dito "Grande erro. Enorme. Agora vou ter que fazer compras", e saído sem olhar para trás. Em vez disso, agradeci pelo tempo dele e disse: "Certo, até mês que vem, então." Mal podia acreditar no que tinha acabado de acontecer.

Será que aquele atendente realmente não enxergou a oportunidade? Improvável. É mais provável que tenha sido mais um caso da mentalidade "não sou pago para isso". Deve ter pensado em algo do tipo "Ei, eu sou da manutenção. Se alguém quer fazer *test-drive* do carro novo, que vá ver o pessoal de vendas." Esse é um erro que muitas empresas cometem: dividir o time em "departamentos". Assim, quem não é do departamento de vendas acha que tudo relacionado a vendas não tem nada a ver com ele. Grande erro. Enorme! Como empresário, você precisa deixar absolutamente claro para a equipe *toda* que as vendas são a alma do negócio, e que **todo mundo ali trabalha em vendas**.

Todo funcionário, em algum momento, terá ocasião de afetar positiva ou negativamente uma oportunidade de venda. Deixe que todos saibam que, qualquer que seja sua função básica na empresa, responder a oportunidades de venda é sua função. Uma das melhores maneiras de transmitir essa ideia é criar um programa de incentivo que premie vendas, qualquer que seja o cargo da pessoa. Essa mentalidade ajuda até a descobrir talentos ocultos.

A venda mais fácil de ser feita é aquela para um cliente atual e satisfeito. Informe a toda a sua equipe quais pistas procurar — sem ser chato ou insistente, é claro.

Agora, reconheço, pode até ser que eu não estivesse disposto a comprar um carro novo naquele momento, mas passar um dia inteiro com um carro que me interessa teria me deixado mais perto da compra? Lógico que sim! Isso teria despertado meu instinto consumista? Com certeza!

Isto nos leva a outra técnica poderosíssima que você pode e deve acrescentar à sua sequência de *follow-up*: testar antes de comprar, também conhecido como ensaio gratuito, ou "fechamento do cachorrinho".

Imagine o seguinte cenário: você não tem certeza se adotar um cachorrinho é uma boa ideia, ou apenas não tem certeza se aquela raça específica é a ideal. O vendedor do pet shop garante que você pode levar o cachorrinho para casa e, se não gostar dele, devolver, sem precisar de justificativas. Parece razoável? É, parece. Então, você leva o cachorrinho para casa, e seus filhos e você começam a brincar com ele no jardim. Ele lambe seu nariz de manhã e espera fielmente na porta no final da tarde. Naturalmente, todos vocês se apaixonam pelo novo membro da família. E a venda está feita; não pelo vendedor, mas pelo cachorrinho.

Simples assim.

Tente devolver esse carinha aqui. Quero só ver!

Essa é uma das formas mais poderosas de fechar negócios, baseada na mágica do "experimente antes de comprar". O uso dessa técnica pode turbinar fortemente suas vendas. Primeiro, ela quebra a resistência inicial, fazendo o prospecto ter menos a sensação de que está se comprometendo com algo irreversível.

Segundo, coloca no comprador o ônus de reverter a compra, o que coloca a seu favor a inércia. Por fim, é baixíssima a probabilidade de um cliente genuíno devolver um bom produto que atende às suas necessidades. Por isso, implemente a mentalidade do "todo mundo trabalha em vendas" na sua empresa, casando isso com uma oferta "experimente antes de comprar", e você verá um aumento drástico das taxas de conversão.

Encerre seu "departamento de prevenção de vendas"

Não canso de ficar espantado com a quantidade de empresas, grandes e pequenas, que dificultam o processo de compras delas. É quase como se elas tivessem um departamento de **prevenção** de vendas, cuja função é tornar o processo de compra uma experiência sofrida. Meu conselho é: deixe a burocracia, os formulários longos e as regras inflexíveis para os órgãos governamentais. Sua tarefa é **facilitar** a compra para o cliente.

Cartazes que dizem "pagamento apenas em espécie" ou "mínimo de R$10,00 no cartão" ou "não aceitamos Tal Bandeira de Cartão" são todos obra do departamento de prevenção de vendas. Essas empresas podem até economizar em taxas administrativas, mas certamente têm um prejuízo muito maior em termos de perda de vendas, perda de clientes e perda de confiança. Estão pisando em cédulas altas para economizar trocados.

Ofereça ao cliente o método de pagamento preferido **dele**, e não o seu. Além disso, não castigue o cliente, acrescentando uma taxa por ele usar o método de pagamento preferido dele. Em vez disso, leve em conta a taxa na sua precificação como um todo ou assuma o total. Se a sua margem é tão baixa a ponto de não poder arcar com isso no preço geral, então você tem algum problema bem maior para resolver do que uma simples tarifa administrativa.

Como citamos no Capítulo 2, outra estratégia para aumentar suas conversões é oferecer um plano de pagamento ou financiar seus itens de tíquete alto. Isto pode representar a diferença entre uma venda e uma não venda. Em primeiro lugar, porque as pessoas costumam pensar tanto na receita quanto nas despesas em termos mensais. Em segundo, elas têm bem menos apego pelo dinheiro futuro do que pelo dinheiro presente. O dinheiro presente, em geral, já foi gasto. Se você puder apresentar sua oferta em bocadinhos mensais, ou como uma obrigação futura, em vez de uma grande quantia de uma vez só, isto aumentará fortemente as conversões.

Esteja sempre à procura de outras coisas que possam representar obstáculos à conversão em venda. Você está obrigando seus prospectos e clientes a passar por uma corrida de obstáculos, a preencher formulários inúteis ou se adequar a processos que não são de fato necessários? Como você poderia eliminar esses obstáculos ou pelo menos torná-los mais simples?

Tarefa do Capítulo 6:

Qual é o seu sistema de conversão de vendas?

Preencha o quadrado número 6 do seu formulário do Plano de Marketing de 1 Página.

TERCEIRO ATO
O DEPOIS

Resumo da seção do Depois

Na fase do Depois você lida com o cliente. O cliente é alguém que gosta de você e do que você tem a oferecer, o bastante para ter desembolsado dinheiro ao menos uma vez. Nessa fase, você vai transformar esse cliente em fã apaixonado, entregando uma experiência de padrão internacional. Em seguida, você descobrirá maneiras de fazê-lo comprar ainda mais, aumentando o valor de tempo de vida. Por fim, você vai criar um ambiente em que indicações não vão parar de vir.

O objetivo dessa fase final é fazer seu cliente **confiar em você** e comprar mais de você. Ela dá prosseguimento a um "ciclo virtuoso" contínuo, em que você aprofunda seu relacionamento com o cliente, faz mais negócios com ele e obtém mais referências.

7
COMO ENTREGAR UMA EXPERIÊNCIA DE PADRÃO INTERNACIONAL

Resumo do Capítulo 7

Ao entregar uma experiência de padrão internacional, você transforma a clientela em uma tribo de fãs apaixonados que quer comprar de você o tempo todo. Para entregar essa experiência assim, você precisa automatizar o negócio e fazer um uso inteligente da tecnologia.

Entre os principais tópicos cobertos neste capítulo estão:
- Por que criar uma tribo de fãs apaixonados é crucial para o sucesso do seu negócio e como fazer isso.
- As duas funções determinantes da sua empresa.
- Como inovar, mesmo quando o produto ou serviço que você vende é chato e banal.
- O objetivo da tecnologia em seu negócio e como alavancá-la em seu marketing.
- Por que os sistemas são cruciais para desenterrar uma fortuna oculta no seu negócio.
- Os quatro principais sistemas da sua empresa que virtualmente garantem o êxito do negócio.
- Como eliminar o maior gargalo da sua empresa.

Como entregar uma experiência de padrão internacional

Criando uma tribo de fãs apaixonados

Uma tribo é um grupo de pessoas conectadas umas às outras, a um líder e a uma ideia.[9] Durante milhares de anos, os seres humanos pertenceram a alguma tribo.

Uma das coisas que separam as empresas fora de série das comuns é que elas comandam tribos de fãs apaixonados — não apenas clientes. Em seu negócio, o membro de uma tribo é um tipo especial de cliente. Um que age como um animador de torcida e que está sempre conspirando pelo seu sucesso. Os membros da sua tribo amplificam sua mensagem de marketing, levando-a a patamares que você nunca seria capaz de atingir por conta própria apenas com publicidade paga. Eis algumas das qualidades dessas empresas extraordinárias que se tornam líderes de tribos:

- Focam o tempo todo em encantar seus clientes, o que os transforma em fãs apaixonados.
- Criam e fomentam relacionamentos por toda a vida.
- Tornam mais fácil e divertido o relacionamento com elas.
- Criam um senso de teatralidade em torno de seus produtos e serviços.
- Possuem sistemas que permitem entregar, de forma confiável e constante, uma ótima experiência.

---

[9] Esta definição é do excelente livro *Tribos — Nós precisamos que você nos lidere*, de Seth Godin.

Neste capítulo, vamos analisar algumas das estratégias para transformar os clientes em fãs apaixonados que confiam em você, indicam o seu trabalho e mal podem esperar para fazer negócio de novo com a sua empresa. Essas pessoas são a sua tribo, e é vital ter estratégias para ampliar esse público e tratá-lo com enorme carinho.

A maioria das empresas comuns interrompe seus esforços de marketing depois de converter o prospecto em cliente (em outras palavras, depois que o cliente compra). Esse tipo de raciocínio "imediatista" leva a um impasse, uma espécie de tampa que impede firmemente o crescimento da empresa. Em compensação, as empresas verdadeiramente notáveis obtêm resultados exponenciais porque cada cliente a mais não gera receita apenas uma vez, mas continuamente. Aquela pessoa se torna uma "evangelista" do seu negócio.

Ainda mais entusiasmante que isso, lançar produtos se torna fácil e previsível. Não é preciso fazer tanta promoção nem usar de tanto convencimento quando se possui uma tribo de fãs apaixonados. Veja o caso da Apple, uma das líderes desse tipo de marketing. A empresa pode lançar um produto novinho em folha ou uma nova categoria de produto que a legião de fãs apaixonados faz fila com dias de antecedência, implorando à Apple que pegue o dinheiro deles. Só que esse território não é exclusivo de gigantes como a Apple.

Na verdade, essa é uma área em que as pequenas empresas levam uma enorme vantagem. Ao contrário das grandes, que são engessadas e atoladas na burocracia, com vários patamares hierárquicos e pessoas com as mais variadas agendas, as pequenas empresas podem ser ágeis e reagir rapidamente às necessidades e ao feedback do cliente. Ainda mais importante, as pequenas empresas podem fazer a microgestão do relacionamento com o cliente. Este não se perde com tanta facilidade em um mar de gente, e um relacionamento muito mais pessoal, muito mais "tribal", pode ser desenvolvido. Sua missão é criar e fomentar esse perfil de público e compreender que o processo de marketing só começa de verdade depois que você converte o prospecto em cliente pagante.

Venda o que ele quer, mas dê o que ele precisa

No Capítulo 2, falamos dos elementos essenciais para a confecção de uma boa oferta. Como discutido, o primeiro passo nesse sentido é descobrir o que o seu público quer exatamente. Vou me aprofundar nesse assunto. Quando se trata da entrega do seu produto ou serviço, é preciso dar ao cliente não apenas o que ele quer, mas o que ele *precisa*.

Muitas vezes há uma grande diferença entre o que as pessoas querem e o que as pessoas precisam. Deixe-me dar um exemplo. Digamos que você seja um instrutor de fitness. Você melhora a vida das pessoas promovendo saúde, forma física e nutrição melhores. Mas, como o conceito de "saúde melhor" é vago para a maioria das pessoas, você precisa apelar para a vaidade, o desempenho ou alguma outra necessidade específica do prospecto. Uma barriga tanquinho, um corpo sarado para o verão, uma silhueta espetacular.

Portanto, você precisa dar o que o cliente precisa em termos de melhora da saúde, mas fazer isso por meio do que ele quer (melhora da aparência e do desempenho físico), e é isso que você vende a ele. Ou seja, é preciso compreender tanto o desejo quanto a necessidade. Às vezes os dois se sobrepõem, às vezes são completamente distintos.

Se eu tive uma esteira em casa durante muitos anos, sem perder peso algum, isso prova que as esteiras não funcionam? Bem, essa é, obviamente, uma conclusão ridícula. Para que a minha esteira "funcione", eu preciso ligá-la, correr nela durante algum tempo, transpirar e repetir esse processo regularmente. Comprá-la é apenas o primeiro passo. Fazer o devido uso dela é o que conta de verdade. Por mais óbvio que isto pareça, grande parte da sua batalha será convencer as pessoas a fazerem o que precisam fazer, a fim de obter resultados com seu produto ou serviço.

Alguns empresários sentem que acompanhar a implementação não é responsabilidade deles, que o cliente deve ser responsável pela obtenção do resultado com o produto ou serviço que comprou. Essa é uma visão míope. Vivemos em um mundo acelerado, em que muita coisa compete pelo tempo e pela atenção das pessoas. Nosso objetivo é que nosso cliente obtenha resultados.

O cliente que compra um produto ou serviço e não o utiliza nem o implementa corretamente terá alta probabilidade de descartá-lo como algo que não funciona, e isso é a última coisa que queremos. Na melhor das hipóteses, acaba virando uma venda isolada; na pior, acaba levando o rótulo de golpe. Por mais ridículo que seja chamar uma esteira de "golpe" porque nunca foi usada de verdade, é o que o cliente pode acabar fazendo com seu produto ou serviço.

Só que hoje em dia o cliente tem acesso a fóruns on-line e redes sociais, e ele espalha feedback positivo quando obtém resultados positivos, ou negativo quando não obtém. Injusto? Talvez, mas a marca de uma empresa de sucesso serão soluções simples que ajudem o cliente, da implementação ao resultado desejado.

Em muitos casos, isso representa ter que ensinar o beabá no processo de obtenção de resultados. Do contrário, você se manterá no estilo de negócio de margem reduzida, sem diferencial, efêmero, concorrendo apenas no preço, e essa é uma posição perigosa de estar quando comparações de preços estão a apenas um clique de distância.

Sua missão é encontrar um jeito de vender aquilo que seu prospecto quer, mas também dar a ele o que precisa. Levá-lo a agir e fazer o necessário para obter resultados pode exigir que você apresente as coisas de um determinado jeito. Pode ser que você precise subdividir o processo em pequenas porções administráveis, de modo que a execução não pareça tão trabalhosa.

Liderar é uma qualidade que atrai, e as pessoas querem ser lideradas. Ao tomar a iniciativa de apresentar a implementação de seu produto ou serviço, antecipando obstáculos que possam surgir ao longo do caminho e propondo soluções para eles, você demonstra liderança. Ajudar o cliente durante todo o percurso até a obtenção dos resultados trará um grande benefício tanto para você quanto para ele.

O contrário é prejudicial a ambos. Lembre-se sempre de que a sua meta é criar uma tribo de fãs apaixonados — e não apenas fazer transações.

Teatralize seus produtos e serviços

Uma frase famosa atribuída a Peter Drucker é que duas funções básicas de toda empresa são o marketing e a inovação. A palavra "inovação" costuma suscitar imagens de *startups* de alta tecnologia no Vale do Silício, empresas de biotecnologia e de engenharia. A questão sempre é levantada: uma empresa comum, que vende produtos comuns, pode ser inovadora? A resposta, claro, é "sim".

Um falso conceito muito comum é que a inovação tem que estar no produto ou no serviço em si. Se você vende um produto chato ou banal, pode parecer que a inovação não é relevante para sua empresa ou seu setor. Pode parecer que você não tem opção, a não ser competir no preço.

A inovação, porém, pode ir muito além do produto à venda. Ela pode ser aplicada à forma como o produto é precificado, financiado, empacotado, assistido, entregue, gerido, promovido, ou uma infinidade de outros elementos relacionados a qualquer parte da experiência do cliente. Uma área em que as empresas erram de forma espetacular é a teatralização. O cliente não quer apenas serviço, mas também entretenimento. Dê a ele o que ele quer, provocando um senso de teatralidade em torno do seu produto.

Caso você esteja em um negócio "pouco sexy", em que a primeira pergunta do cliente geralmente tem a ver com o preço, pode ser que todo esse papo sobre inovação e o teatro o deixem um pouco desconfiado. Afinal, como um fabricante de liquidificadores pode ser realmente inovador? Ou um restaurante? Como esses negócios banais e chatos podem ser inovadores? Foi bom você ter perguntado.

A Blendtec é fabricante de liquidificadores comuns, do tipo que você usa na cozinha da sua casa. Ela criou um enorme marketing viral ao lançar uma série de vídeos no YouTube intitulada *Will It Blend?* ["Vai liquidificar?"]. Nela, um cientista com cara de maluco demonstra o produto triturando uma série de objetos estranhos, de iPhones e iPads a bolas de golfe.

Para ver a série de vídeos da Blendtec, visite 1pmp.com

Sinto vontade de chorar quando vejo a destruição gratuita de meus produtos favoritos da Apple; no entanto, a Blendtec deve estar bem contente com as centenas de milhões de visualizações em seu canal no YouTube. Esse tipo de publicidade, comparado ao baixo custo envolvido na produção dos vídeos, é simplesmente genial. Você teria como criar um senso de teatralidade e uma publicidade semelhantes, demonstrando seu produto banal sendo usado de maneira incomum?

Eu estava no banheiro de um restaurante da minha região quando vi o seguinte anúncio na parede:

> **restaurant**
>
> Not only will we cook for you.
>
> We will pick you up and take you home.
>
> Come dine with us and forget about the drive home.
>
> Why worry about the extra glass of wine, take advantage of our pick up and drop home service.
>
> Complimentary for all dinner bookings within a 5km radius of Restaurant.
> (conditions apply)
>
> Bookings Essential, just ask our friendly staff.

Não só cozinhamos para você.
Vamos buscar você e depois levá-lo em casa.
Venha jantar conosco e não se preocupe com a volta.
Por que se preocupar com aquela taça de vinho a mais?
Aproveite nosso serviço de transporte.
Cortesia para todas as reservas para jantar, para destinos em um raio de 5 km do restaurante (condições aplicáveis)
Reserva obrigatória, consulte nossa amável equipe.

O restaurante oferece um serviço de translado para que o cliente possa beber tranquilamente, sem ter o risco de dirigir alcoolizado na volta para casa. Cria-se uma conveniência para o cliente, e o restaurante acaba vendendo mais de seu produto com maior margem de lucro — bebida. Todos saem ganhando.

Esses são apenas alguns exemplos de negócios banais, normalmente chatos, que estão vendendo seus produtos de forma inovadora. Agora é sua vez. Você não precisa inventar nada original. Inspire-se na solução de alguém, pegue uma ideia emprestada ou roube descaradamente as ideias inovadoras de outros setores ou produtos.

Faça tudo, só não continue igual a todo mundo: chato e sendo obrigado a competir unicamente no preço.

Use a tecnologia para reduzir o atrito

Recentemente, eu e minha esposa estávamos jantando em um dos meus restaurantes preferidos. A comida de lá é ótima, a equipe é gentil e prestativa, e a localização é espetacular, na beira da praia. Nas noites frias, eles acendem uma lareira a lenha, o que valoriza ainda mais a atmosfera. Fazia um ano que íamos jantar lá desde que nos mudamos para aquela região. Na hora em que fui pagar a conta, olhei em volta e, é claro, ele ainda estava lá: um aviso mambembe, escrito à mão, ao lado da máquina de cartão de crédito, dizendo: "Lamentamos, mas nossa máquina de cartão não aceita senha. Por favor assine a nota. Pedimos desculpas pelo incômodo."

Espantou-me ver como um restaurante tão sofisticado, que fazia tanta coisa certa, tinha errado em algo tão fundamental. Como empresário, se tem uma parte da interação com o cliente que eu quero que seja o mais suave e sem atrito possível, é a parte em que a pessoa me paga. Não apenas ninguém consertava aquela máquina de cartão de crédito defeituosa havia pelo menos um ano (até onde eu sabia), como claramente eles não tinham a intenção de implementar uma nova tecnologia de pagamento, com ainda menos atrito, como os sistemas de pagamento sem contato.

O ritmo da inovação tecnológica nos últimos anos tem sido nada mais, nada menos do que espantoso. Antes de agosto de 2004, o Google ainda era uma empresa de capital fechado, relativamente desconhecida. Antes de setembro de 2006, o Facebook ainda era uma simples experiência, não aberta ao público. Em meados de 2007, não existia iPhone, e em abril de 2010 o iPad era apenas um boato no meio *geek*. Quase não conseguimos imaginar a vida sem algumas dessas tecnologias, e, no entanto, apenas uns poucos anos atrás elas sequer existiam. Apesar do aumento do ritmo da inovação tecnológica, que continua crescendo exponencialmente, o objetivo das novas tecnologias permaneceu constante.

Em linguagem curta e grossa, **o objetivo de qualquer nova tecnologia, na sua empresa, é eliminar o atrito**. O ideal é oferecermos o caminho mais rápido e mais fácil para a venda, aumentando, ao mesmo tempo, a satisfação do cliente. Também é ideal evitar situações em que a tecnologia tolhe os negócios, em vez de facilitá-los:

O COMPUTADOR DISSE "NÃO"

Como clientes (de grandes instituições, em geral), todos nós já tivemos a experiência frustrante de tentar chamar à razão um funcionário que, diante de um impedimento tecnológico, reage com alguma versão daquilo que no Reino Unido se tornou conhecido pela frase "O computador disse 'Não'...". Como pequenos empresários, temos que garantir que a tecnologia seja usada em nossas empresas de forma a eliminar atrito, em vez de criar.

A tecnologia facilita as nossas vidas, fazendo o "trabalho pesado" por nós, seja ele um cálculo complexo, a instalação de um bloco de concreto ou a busca em milhares de publicações para encontrar uma obscura referência literária. Porém, às vezes parece que implementamos a tecnologia puramente em nome da tecnologia. Por exemplo, costumo perguntar às pessoas qual é o objetivo de seu site, página no Twitter ou no Facebook. Raramente recebo uma resposta curta e direta.

Na época em que o iPod foi lançado, o único jeito legalizado de carregá-lo com músicas era:

- Pegar o carro e ir até a loja de discos mais próxima e comprar um CD com a música desejada.
- Inserir o CD no computador e importar o conteúdo para o disco rígido.
- Sincronizar o iPod com o computador para que ele copiasse todas as músicas.

Apesar desse processo sofrido, o iPod foi um sucesso enorme; porém foi quando a Apple criou a loja iTunes que o iPod verdadeiramente estourou, lançando as bases para o iPhone e o iPad. A tecnologia que a Apple criou reduziu muito o atrito entre o consumidor e o comerciante. Isso também pode ser dito da Amazon, do Google, das tecnologias de pagamento por aproximação e muitas outras coisas.

Ao reduzir o atrito, a tecnologia nos ajuda a fazer em pouquíssimo tempo aquilo que levaria horas, dias ou anos para realizar sem ela. Como, então, você pode usar a tecnologia para reduzir o atrito entre você e seus clientes? Quais tarefas você pode simplificar e tornar mais fluidas? Mais importante ainda, como garantir que a tecnologia não esteja tolhendo seu relacionamento com o cliente? Eis a maneira de fazer isso.

Imagine cada item tecnológico da sua empresa como um funcionário. Por qual motivo eu o contratei? Quais são seus indicadores-chave de performance (KPIs, de *key performance indicators*)? Pegue o exemplo do site. É muito comum que as empresas elaborem um site sem objetivo específico, a não ser alguma vaga ideia de que o cliente vai acessá-lo só para visualizar a versão on-line do catálogo.

Em compensação, todo empreendedor esperto que eu conheço usa a tecnologia com metas muito específicas e mensuráveis em mente. Por exemplo, um site pode ser usado para vender um produto ou fazer prospectos aderirem a um banco de dados de marketing. São coisas mensuráveis, às quais se pode atribuir KPIs. Nós sabemos na hora o que funciona e o que não e podemos "demitir" o que não está dando certo e aprimorar os que está.

Agora pode ser uma boa hora para repensar os diversos motivos pelos quais você faz uso da tecnologia em seu negócio. Ela está reduzindo o atrito? Está fazendo aquilo que foi "contratada" para fazer?

Torne-se uma voz de valor para sua tribo

O grande e saudoso Jim Rohn dizia: "Não perca a maior parte do seu tempo com as vozes que não contam. Silencie as vozes mais superficiais, para ter mais tempo de ouvir as que têm valor."

Sábias palavras, com certeza; porém, parte da entrega de uma experiência de padrão internacional para os clientes é **tornar-se** uma voz de valor para eles. Você precisa ser um líder intelectual do seu setor, alguém procurado por sua opinião e comentário. Faz-se isso tornando-se criador de conteúdo. Uma das maiores diferenças entre os empreendedores bem-sucedidos e os que aspiram a sê-lo é que os primeiros são, antes de tudo, criadores de conteúdo, enquanto os últimos são, antes de tudo, consumidores de conteúdo. Mais até do que simples criadores de conteúdo, os empreendedores bem-sucedidos muitas vezes são criadores de conteúdo **prolíficos**.

Para se tornar uma voz de valor, você precisa ter ideias de valor, e raramente ideias de valor aparecem do nada e procuram você. Ao procurar outras vozes de valor — líderes intelectuais dentro e fora do seu setor, mentores, *coaches* e indivíduos bem-sucedidos em posição semelhante à sua —, você lança as bases da criação das suas próprias ideias de valor.

Esse é o único tipo de autodidatismo válido que eu conheço. Porém, é importante não escutar vozes em excesso, por maior que seja a tentação. Algumas poucas vozes, que falam a partir da experiência e do conhecimento empírico, têm valor infinitamente maior do que uma série de vozes que se baseiam em teorias e opiniões. Embora nem a teoria nem a opinião sejam ruins por si sós, raramente encontro vozes de valor a partir de fontes que não estiveram onde eu queria ter estado.

A época das táticas de vendas de alta pressão está chegando rapidamente ao fim, se é que já não chegou. Em uma era de conectividade universal, em que todos têm acesso a quase todas as informações disponíveis, a reputação é a *commodity* mais valiosa. A "economia da reputação" exige que você transforme seu marketing de simples informação e tática de vendas de alta pressão em marketing baseado em educação. Como discutimos ao longo deste livro, o propósito do marketing educacional é duplo.

Primeiro, é uma questão de se posicionar como autoridade diante do seu público-alvo. Todo mundo quer escutar o que essas fontes têm a dizer. Ao se tornar criador de conteúdo, você se posiciona como autoridade e expert em seu nicho.

Em segundo lugar, é uma questão de construção de relacionamentos — tornar-se o conselheiro confiável do seu público-alvo, em vez de apenas um vendedor. Ao lançar constantemente conteúdo educativo e de valor, você cria as bases de um relacionamento — afinal, de quem você prefere comprar: de uma fonte confiável que agrega muito valor ou de um desconhecido que só quer fazer uma venda rápida?

Tornar-se uma voz de valor é um trabalho árduo e demorado, mas esse tempo investido trará dividendos. Na economia reputacional, você não pode se dar ao luxo de ser uma *commodity* ou apenas "mais uma" empresa. O que você pode fazer para começar a se tornar uma voz de valor em seu mercado? Começar a escrever em um blog? Enviar uma mala-direta? Disparar uma *newsletter* mensal? Publicar vídeos periódicos no YouTube?

Todas essas alternativas funcionam e certamente farão você se destacar de quem ainda está preso a táticas de venda obsoletas.

Conte a eles o trabalho que dá

Certa noite, eu e minha esposa estávamos voltando de carro para casa, depois de sair para jantar. Eu já estava com a cabeça na minha noite tranquila de sábado quando ouvi aquelas palavras tão temidas: "Vamos dar uma passada no supermercado. Preciso comprar umas coisinhas." Resmunguei e estacionei o carro. Como fazer compras é a coisa que mais odeio na vida, ensaiei minha frase clássica: "Te espero no carro." Afinal, minha esposa só ia comprar umas coisinhas e eu podia usar esse tempo de forma produtiva no celular, tentando passar daquela fase impossível do Angry Birds. Mas ela não caiu na minha. Lá estava eu, então, no último corredor do supermercado, segurando uma pesada sacola de compras repleta das tais "coisinhas". Enquanto minha esposa estava ocupada decidindo entre xampu de *grapefruit* ou de coco (o que, em si, é uma aula de marketing), uma coisa chamou minha atenção — um brilhante movimento ninja de marketing, executado com perfeição. Veja, a seguir, a reprodução que fiz:

"Lux — Esfoliante com karité — Gel de banho esfoliante — Novo — com manteiga de karité e caramelo"

"As abelhas viajaram 78,86 km para ajudar a fazer 1 frasco deste gel de banho Original Source de manteiga de karité e mel repleto de produtos naturais"

"7.927 autênticas folhas de hortelã ajudam a fazer 1 frasco deste gel de banho estimulante Original Source de hortelã e melaleuca repleto de óleos essenciais"

Consegue notar a enorme diferença entre as duas marcas? Os dois frascos da direita são um dos melhores usos de embalagem que eu vi nos últimos tempos. O da esquerda é chato, cauteloso e quase indiscernível dos outros cem recipientes da prateleira.

Encher um copo de cerveja Guinness é um processo demorado. O motivo é um processo chamado de "nucleação", em que bolsões de ar formados por bolhas extra se espalham pelo líquido. Embora hoje isso seja conhecido, no início a opinião dos consumidores era bastante negativa em relação ao tempo necessário para tirar da chopeira um *pint* de Guinness. Em meados da década de 1990, a Guinness reverteu essa percepção com uma campanha de marketing que vendeu essa característica negativa como positiva. Basicamente, começaram a informar às pessoas quanto de esforço era necessário para tirar o chope perfeito. Enfatizavam isso dizendo: "São necessários 119,5 segundos para tirar o *pint* perfeito" e "Coisas boas vêm para quem espera".

A lição é a seguinte: **informe ao seu público todo o trabalho que dá entregar seu produto ou serviço**. Em seu texto publicitário, e até em sua embalagem, informe detalhes de como você prepara ou fabrica arduamente o seu produto. Isto vale também caso você preste serviços. Fale de suas competências, de como você as adquiriu, de todos os pesos e contrapesos que você criou e como treina sua equipe. Os bastidores do produto ou serviço são uma parte absolutamente essencial do marketing. Não deixe seu esforço e sua competência passarem despercebidos; isso tranquiliza o cliente em relação ao conteúdo e à qualidade do produto, o que é especialmente importante quando você está promovendo um produto ou serviço premium.

Olhando mais uma vez para as embalagens de gel de banho, dá para notar que, no caso dos frascos da direita, os bastidores ocupam todo o espaço disponível. Não há nem o logo nem o nome da empresa — um uso muito bom e inteligente de um espaço caro! O fato é que **ninguém liga para a logo, para o nome da empresa ou para qualquer outra afirmação duvidosa sobre a liderança do setor**. O que as pessoas querem saber é o que o seu produto fará por elas, e sua história de bastidores é essencial para isso.

Então é isso. Eu, que era um participante involuntário em uma ida ao supermercado, achei uma nova versão de um precioso princípio de marketing. De fato, coisas boas vêm para quem espera.

Produtos lhe dão dinheiro, sistemas lhe dão fortuna

Em todas as minhas empresas, uma coisa em que eu sempre me concentrei foi a criação de sistemas. Depois de ter lido o livro *O mito do empreendedor*, de Michael Gerber, fiquei fascinado. Foi como se uma ficha tivesse caído na parte empreendedora do meu cérebro. O que foi ótimo, porque os sistemas de negócios me fizeram muito bem. Criar sistemas é o que me tirou das dificuldades financeiras e me tornou um empresário de sucesso na fundação e na venda de várias *startups*.

Os sistemas de negócios mais valiosos são os replicáveis. Caso sua empresa dependa de um gênio ou de um supertalento no centro de tudo, replicá-lo será difícil ou impossível. Essa é uma das razões pelas quais o investidor Warren Buffett só aposta em "empresas chatas", aquelas que ele consegue entender, que entregam um produto básico, que têm uma gestão sólida e geram muito dinheiro — que coisa chata, não é?

No portifólio dele, você não verá nenhuma *startup* de tecnologia de alto risco, empresas de biotecnologia altamente especulativas ou conceitos impossíveis de entender. Todos esses são empreendimentos que costumam depender de uma ou duas superestrelas, que matariam a empresa caso saíssem. Em vez disso, você verá empresas sólidas, que possuem sistemas que entregam produtos excelentes, de forma constante, por um longo período. **Os sistemas permitem que simples mortais toquem empresas extraordinárias**.

Quando você dispõe de um sistema de negócios replicável, as pessoas vão querer lhe pagar altas somas por ele. O dinheiro virá sob diversas formas, porém as mais comuns são:

- Pessoas querendo fazer negócios com você porque você entrega resultados consistentes.

- Pessoas querendo licenciar seu sistema.
- Pessoas querendo comprar seu sistema de franquia.
- Investidores ou concorrentes querendo comprar a sua empresa.

São quatro os tipos principais de sistemas de negócios que você tem que criar, qualquer que seja o seu tipo de negócio. É quase uma garantia de fazer fortuna, se você puder criar sistemas ampliáveis e replicáveis nestas quatro áreas do seu negócio:

1. **Sistemas de marketing:** Geram um fluxo constante de *leads* para o negócio.
2. **Sistemas de vendas:** Fomento, *follow-up* e conversão de *leads*.
3. **Sistemas de atendimento:** Aquilo que você realmente faz em troca do dinheiro do cliente.
4. **Sistemas de administração:** Contas, recebimentos, recursos humanos etc.; suporte de todas as outras funções da empresa.

Qualquer que seja o seu negócio, essas quatro funções serão relevantes.

Muitas empresas pequenas se enrolam com atendimento e administração, ao mesmo tempo que negligenciam os sistemas de marketing e de vendas. Afinal, ninguém vai pressioná-las para que entreguem mais marketing. Todas as questões que parecem prementes costumam recair nas funções de atendimento e administração. É muito comum, portanto, que a empresa passe por dificuldades, mesmo oferecendo excelentes produtos e serviços.

O problema é que **os clientes não vão saber quanto seus produtos e serviços são bons enquanto não comprarem de você**. E, se seus sistemas de marketing e vendas não estão bem implementados, as pessoas nunca comprarão de você, para começo de conversa, nem descobrirão quanto você é bom. É um círculo vicioso.

Há quem se baseie na reputação e no boca a boca. Embora isso seja ótimo, leva muito tempo para acumular negócios suficientes apenas com base na reputação. Empresas inteligentes, por outro lado, fazem um grande esforço para aperfeiçoar seus sistemas de marketing e vendas. Afinal, há pouquíssimos problemas em uma empresa que não podem ser resolvidos com dinheiro.

Então o que é exatamente um sistema de negócios?

Resumindo, os sistemas de negócios começam com procedimentos e processos documentados, que permitam que a empresa caminhe sem você. Na maioria das vezes, existem sob forma de *checklists*, mas treinamentos e tutoriais também podem ser uma parte importante. De modo geral, esses materiais são conhecidos como **manuais operacionais** e têm por objetivo capturar o *know-how* coletivo da empresa.

O McDonald's é o modelo por excelência para os sistemas de negócios. Trata-se de um negócio multibilionário, complexo, global, operado e administrado, basicamente, por adolescentes cheios de espinhas que não sabem nem fazer a própria cama. Como o McDonald's consegue isso? Tendo sistemas de negócios fantásticos. Os manuais operacionais cobrem minuciosamente cada detalhe do negócio: de questões maiores, como recrutamento e interação com o cliente, à quantidade de molho e de fatias de picles que se deve colocar em um Big Mac. E digo isso por experiência. Eu trabalhei no McDonald's quando era adolescente. Eis uma coisinha que descobri quando estava fazendo uma mudança, alguns anos atrás.

Pela minha experiência, existem dois motivos principais que fazem os sistemas de negócios serem desprezados por muitos pequenos empresários.

O primeiro é que os sistemas de negócios são funções "de bastidor". Ao contrário do último lançamento de produto, das técnicas de vendas ou de outros aspectos altamente visíveis da sua empresa, bons sistemas de negócios são considerados chatos pela maioria das pessoas. Embora criá-los possa, de fato, parecer um saco, o poder incrível que eles oferecem está longe de ser.

O segundo motivo principal é uma percepção de falta de urgência. Quando uma empresa é pequena ou está começando, parecem existir questões muito mais importantes para resolver, como vendas, administração e atendimento de pedidos. Com coisas tão importantes assim competindo pelo tempo cada vez mais escasso do empresário, os sistemas de negócios parecem algo que pode ser deixado para depois. No entanto, assim como qualquer negligência que vai se acumulando ao longo do tempo, isso raramente acaba bem.

É triste quando um empresário vai vender seu negócio e descobre, depois de anos e anos de dedicação, que ele não vale nada. Minto, não é que o negócio em si não valha nada; a questão é que, nesses casos, o dono **É** o negócio, e sem ele não há nada a ser vendido, na prática. Em casos assim, os empresários não conseguem vender a empresa por nenhum valor razoável além do valor de sua ação acrescido, talvez, de uma diminuta soma simbólica, como "gratificação".

Há diversas vantagens de implementar sistemas. Eis algumas das mais importantes.

Criação de um ativo de valor: é ótimo quando a sua empresa lhe rende um ótimo fluxo de caixa, que financia seu conforto material. Mas não seria fabuloso se um dia, quando você decidir que cansou, fosse possível vender seu negócio e receber o maior contracheque da sua vida? Só dá para fazer isso se você ampliar o valor do seu negócio, o que só pode acontecer com um sistema que continue operando sem você.

Alavancagem e ganho de escala: os sistemas dão capacidade de expansão à sua empresa. Você pode replicar seu negócio em outras regiões geográficas, por conta própria, franqueando ou licenciando os direitos do seu sistema de negócios. Muitas fortunas foram feitas assim.

Consistência: a consistência é uma das chaves para entregar uma excelente experiência de consumo. Você pode até não gostar de McDonald's, mas uma coisa que não dá para negar é que, em qualquer parte do mundo, eles entregam uma experiência muito consistente.

Redução de custos trabalhistas: quando você e sua equipe não têm tempo ou esforço a perder reinventando a roda toda hora, os sistemas aumentam sua eficiência e reduzem os custos trabalhistas.

O poder dos sistemas — A capacidade de se turbinar

Me responda o seguinte: se você se mudasse durante seis meses para outro país, deixando sua empresa para trás, na volta ela estaria melhor ou pior do que quando você partiu? Ainda restaria uma empresa para a qual voltar? Se você respondeu negativamente a alguma dessas perguntas, então é provável que você não tenha um negócio, mas que VOCÊ seja o negócio. Muitas pequenas empresas, principalmente quando atuam sozinhas no mercado ou todos os sócios trabalham no setor, cometem, pelas razões expostas anteriormente, o erro de não pensar em sistemas. Afinal, a empresa é pequena e o fundador, ou fundadores, desempenha todos os papéis. Infelizmente, essa mentalidade a condena a continuar pequena, tornando o dono um prisioneiro de seu negócio.

Esses empresários se encontram numa situação paradoxal: eles não têm tempo para dedicar ao negócio porque estão muito ocupados se dedicando ao negócio. E não conseguem se afastar porque não documentaram os sistemas e processos. Ficam presos em uma prisão que eles mesmos ergueram. Não me entenda mal, essas pessoas podem até ser financeiramente bem-sucedidas, suas empresas podem estar prosperando, com uma base de clientes fiéis, mas o problema é: elas estão acorrentadas à própria empresa.

Se precisarem se ausentar ou ficarem doentes por um período prolongado, a empresa simplesmente para de funcionar. Todo o *know-how* está trancado em um silo que fica na cabeça delas. A única saída é arranjar tempo para criar e documentar esses sistemas de negócios. Felizmente, esse processo aterrorizante não é tão complicado quando o subdividimos.

Nossa meta é eliminar o maior gargalo do seu negócio: VOCÊ. Mesmo que não tenha a intenção de abandonar seu negócio tão cedo, vai chegar um dia em que você precisará dar um tempo, iniciar outro empreendimento, empregar mais pessoal ou até vender sua empresa. Quando essa hora chegar, você ficará agradecido por ter seguido este conselho.

Sua tarefa, como empreendedor, é ser um inovador e criador de sistemas. Mesmo que atualmente você seja um operador isolado, é importante pensar no longo prazo, e pensar grande. A primeira parte do processo é pensar na sua empresa como se ela fosse dez vezes maior do que é hoje. Se esse fosse o caso, quais cargos existiriam? Por exemplo, você teria alguém para cuidar da contabilidade, outra pessoa na expedição, outra em vendas, um responsável de marketing? Enfim, já deu para entender, né?

Caso você seja um operador isolado ou uma pequena empresa, não há problema se atualmente você desempenha todos ou quase todos os papéis, mas é um problema se atualmente você **precisa** desempenhar todos os papéis na sua empresa. Se você for indispensável, você é um gargalo, e a empresa só progredirá na velocidade em que você progredir.

Precisamos começar a avaliar cada função dentro da estrutura. Agora, quando eu digo "função", não significa "pessoa". Por exemplo, em uma pequena empresa, o mesmo indivíduo pode estar cuidando tanto do recebimento quanto da contabilidade. Mesmo que uma pessoa desempenhe ambos os papéis, as funções continuam a ser separadas, e se a empresa fosse maior, seriam desempenhadas por pessoas diferentes. Em uma empresa ainda maior, uma única função poderia ser ainda mais subdividida. Por exemplo, haveria um contador diferente para as contas a pagar e outro para as contas a receber. Então, tendo identificado todas as funções diferentes dentro do sistema da empresa, você pode começar a definir quais tarefas cada função desempenha. Por exemplo, quais são as tarefas que esperamos que a pessoa que atua na função de contabilidade desempenhe? Entre elas, podem estar:

- Cobrança de clientes.
- Conciliação bancária.
- Acompanhamento de contas não pagas.
- Entrada de faturas de fornecedores.

Agora, tendo definido todas as funções dentro da empresa e as tarefas que cada uma desempenha, precisamos documentar exatamente como cada tarefa deve ser realizada.

Uma das melhores ferramentas possíveis para criar sistemas de negócios são as *checklists*, recursos fáceis de montar, acompanhar e rastrear. Depois de listar todas as tarefas desempenhadas na sua empresa, você está pronto para começar a documentar com precisão como essas são executadas.

Um exemplo simplificado, para o acompanhamento de contas não pagas, poderia ser assim:

- Rodar um relatório de recebíveis.
- Para toda nota com 7 a 13 dias de atraso, enviar um lembrete amigável.
- Para toda nota com 14 a 27 dias de atraso, ligar para o cliente e lembrar do pagamento.
- Encaminhar toda nota com mais de 27 dias de atraso para nossa agência de cobrança.

Viu como subdividimos a tarefa em etapas pequenas e fáceis de acompanhar? Reconheço que o exemplo é simplificado, para fins ilustrativos. Alguns desses passos incluem subetapas, que também precisam ser documentadas; por exemplo, como você roda o relatório de recebíveis?

Recapitulando, é basicamente um processo de três etapas:

1. Identificar todas as funções da empresa.
2. Definir quais tarefas cada função desempenha.
3. Criar *checklists* para completar adequadamente essas **tarefas**.

Agora, caso você queira delegar ou terceirizar uma tarefa, será muito mais fácil entregar à pessoa um processo passo a passo do que simplesmente ter que oferecer todo um treinamento específico e monitorar se tudo está sendo feito do jeito certo.

Assim, o ganho de escala na sua empresa fica superfácil — é só adicionar pessoas. Tendo descoberto o incrível poder dos sistemas na sua empresa, você nunca mais voltará a fazer as coisas do jeito antigo.

Como você pode ver, esse processo é um jeito de documentar os processos já implantados. Pode ser que hoje todos esses processos estejam armazenados na sua cabeça, tornando-os acessíveis apenas para você. Documentar esses sistemas de negócios é a única forma de ganhar escala rapidamente, permitindo que o negócio ande sem você.

Uma coisa importante é que isso também garante uma experiência constante para o cliente. Independentemente das mudanças de pessoal que ocorram dentro da empresa, você precisa assegurar que o cliente continue recebendo a mesma experiência de padrão internacional. Essa garantia não pode ser uma responsabilidade individual dos funcionários — ela precisa partir da empresa, e ter sistemas documentados é, de longe, o melhor jeito que eu conheço de fazer isso.

Seu cliente final

Certa vez, Neil Armstrong, primeiro homem a pisar na Lua, disse: "Para ir à Lua, você precisa resolver dois problemas: primeiro, como chegar lá; e segundo, como voltar. A chave é não partir enquanto não tiver resolvido ambos."

Na empolgação de abrir um negócio, é comum passar muito tempo pensando em "como chegar lá", isto é, alcançar o sucesso, sem, porém, pensar tanto em "como voltar" — em outras palavras, em uma estratégia de saída.

Ao abrir um negócio, é importante pensar com clareza e planejar um jeito de pular fora. Parece óbvio, mas é algo que muitos donos de empresa não pensam, até que seja tarde demais. Como isso vai acabar? Quem vai comprar sua empresa, e por que vai querer comprar? Vai comprar por causa da sua base de clientes, da sua receita, da propriedade intelectual? Como vai receber retorno pelo investimento? Responder algumas dessas perguntas vai ajudá-lo a visualizar exatamente quem é seu comprador e por que ele compraria do seu negócio. É crucial pensar nessas questões logo no começo; elas vão ajudá-lo a moldar com precisão a engenharia do seu negócio e no que focar. Caso sua meta seja sair do negócio com 50 milhões no bolso, então tudo que você fizer na empresa pode ser enquadrado pela seguinte pergunta: isto vai me ajudar a receber 50 milhões?

Raramente você ganhará mais dinheiro gerindo uma empresa do que a vendendo. A pessoa ou a empresa que tira você do negócio é seu "cliente final", e satisfazê-la resultará no maior contracheque que você já recebeu. Incontáveis fortunas foram ganhas dessa forma. Infelizmente, muitíssimas empresas são desprovidas de valor e acabam desaparecendo porque o dono quer ou precisa seguir em frente e não consegue encontrar um comprador. Por isso é tão crucial estruturar as coisas de forma a garantir que você esteja na ponta que recebe o cheque gordo, e não diante da constatação de que seus anos de trabalho árduo deram em nada, pelo menos no que diz respeito ao valor da empresa.

Vendi diversas empresas ao longo dos anos e hoje, como investidor-anjo, estou do outro lado da mesa, avaliando empresas nas quais eu sinto que vale a pena investir. Posso afirmar que uma das coisas mais importantes que um comprador busca, e que você precisa satisfazer, é se você TEM uma empresa ou se você É a empresa. A diferença é enorme. Se sua empresa não pode operar sem você, então ela não é um ativo vendável, e você está preso a ela, por melhor ou mais lucrativa que seja. É por isso que sistemas de negócios são tão cruciais. Ter sistemas documentados é o que permite que a empresa ande sem você.

Em seguida, você precisa levar em conta quem vai comprar sua empresa e por quê. Será um concorrente? Será alguém novo no setor? Alguém do seu setor, mas de outro nicho? Estruturar o negócio tendo em mente um comprador natural é inteligente e muito atraente para os investidores porque mostra a eles uma rota de saída clara e um retorno para o capital investido. Mesmo que você não planeje aceitar investidores, como dono do negócio você precisa pensar em si mesmo como pensaria um investidor. Use o boné do empreendedor de dia, mas de noite coloque o boné do investidor e questione quando e como virá aquele retorno sobre o capital investido virá.

Uma das objeções mais comuns que eu ouço de donos-operadores é: "Amo o que faço e não tenho intenção de vender." Isso é ótimo, desde que aquilo que você ama fazer esteja gerando uma boa receita — são relativamente poucas as pessoas que têm esse padrão de vida. Porém, queira você ou não, um dia as circunstâncias vão mudar. Você pode ficar entediado, adoecer, querer se aposentar, enxergar uma oportunidade melhor, e assim por diante.

Quando, e não se, essa hora chegar e você resolver que é hora de vender, o ideal é poder sair com um cheque significativo em vez de ir parando aos poucos e possivelmente até acabar endividado ou vendendo por uma ninharia. Se você começar a pensar em estruturar a saída só na hora em que precisar sair, estará ferrado. Será tarde demais e é muito pouco provável que consiga um resultado favorável. É preciso ter o fim em mente desde o começo. Comece a pensar no seu cliente final, e no que o motivaria a escrever o cheque que se tornará seu maior contracheque.

Tarefa do Capítulo 7:

Como você vai entregar uma experiência de padrão internacional? Preencha o quadrado número 7 do seu formulário do Plano de Marketing de 1 Página.

8
COMO AUMENTAR O VALOR DE TEMPO DE VIDA DO CLIENTE

Resumo do Capítulo 8

Aumentar o valor de tempo de vida dos clientes atuais é onde se ganha dinheiro de verdade. Para fazer isso, você precisa dispor de estratégias e táticas a fim de que os atuais clientes façam mais negócios com você. Você também precisa conhecer, gerir e melhorar continuamente indicadores-chave do seu negócio.

Entre os principais tópicos abordados neste capítulo estão:
- Por que sua base de clientes atual é uma riquíssima mina de diamantes e como se dar conta do seu valor.
- Cinco grandes formas de ganhar mais dinheiro com os atuais clientes.
- Como recuperar clientes perdidos ou reativar clientes que não têm comprado de você ultimamente.
- A métrica de marketing crucial que você precisa conhecer e gerir.
- Um exemplo de como uma ligeira melhora de três indicadores-chave gera uma melhora de 431% no balanço.
- Por que nem todo crescimento e receita da empresa é favorável e como evitar a "receita poluída".
- As quatro categorias de clientes do seu negócio e por que você não deve tratá-las do mesmo jeito.

Como aumentar o valor de tempo de vida do cliente

Hectares de diamantes

Todo empreendedor é um caçador. A gente sai de casa para fechar negócios. É todo aquele material glamoroso que discutimos detalhadamente nos seis primeiros capítulos deste livro. É a oferta "na boca do caixa" que traz o cliente novo porta adentro.

Neste capítulo, quero focar nos "bastidores". São as coisas que fazem seus atuais clientes comprarem mais. Sei que não é tão sexy quanto discutir posicionamento, técnicas de fechamento e estratégias de marketing descoladas para obter novos clientes, mas, confie em mim, é neste capítulo que se ganha o dinheiro de verdade.

Uma palestra clássica de Russell Conwell, "Hectares de diamantes", conta a história de um homem, Ali Hafed, que queria tanto encontrar diamantes que ele vendeu a fazenda, abandonou a família e partiu numa busca que o levou pelo mundo inteiro. A busca foi infrutífera e o conduziu a nada além de sua própria derrocada. Nesse meio-tempo, o novo dono de sua fazenda descobriu "a mais magnífica mina de diamantes de toda a história da humanidade" logo ali, na fazenda que ele tinha adquirido de Ali Hafed.

> Para ouvir uma gravação em áudio da palestra "Hectares de diamantes" ou ler uma transcrição (em inglês), visite 1pmp.com

Moral da história: "Ao procurar um tesouro, cave primeiro na sua propriedade." Acho que isto se aplica perfeitamente ao marketing. A maioria das empresas possui uma rica "mina de diamantes" sob a forma de clientes atuais, em grande parte inexplorada. Mesmo assim, elas abandonam essa "família" de clientes depois de apenas algumas transações e consomem toda a energia, a verba e os recursos de marketing na busca de novas fontes de renda.

Embora grande parte deste livro se concentre, logicamente, na parte vital que é obter novos clientes, esse é apenas um dos dois jeitos de fazer uma empresa crescer. O outro é ganhar mais com os clientes atuais e antigos. A maioria das empresas, principalmente quando já existe há algum tempo, está sentada em uma verdadeira mina de diamantes. Aumentar a receita e, mais importante, o lucro com os atuais e antigos clientes é muito mais fácil do que obter novos. Uma estatística muito citada afirma ser 21 vezes maior a probabilidade de alguém comprar de uma empresa onde já comprou no passado do que de uma empresa da qual nunca comprou.[10] Isto coloca você em enorme vantagem de vendas, no que diz respeito a seus clientes atuais e passados. O verdadeiro lucro vem quando você descobre como vender mais para esses clientes e aumentar o valor de tempo de vida deles. Vamos examinar cinco grandes formas de fazer isso.

Aumentar o preço

Uma das formas mais menosprezadas de aumentar o valor de tempo de vida do cliente é aumentando o preço. A maioria das empresas teme que isso seja um contrassenso, provocando um êxodo dos clientes ou algum tipo de reação negativa. Embora seja preciso lidar com isso de forma estratégica, em geral você descobrirá que seu cliente é bem menos sensível ao preço do que você imagina. Caso se posicione corretamente, como discutido no Capítulo 6, e entregue uma excelente experiência do cliente, como discutido no Capítulo 7, então a maioria dos clientes aceitará um aumento sem

---

[10] Essa é uma estatística apresentada há anos. Nem tentei rastrear sua origem. Na verdade, que o número seja 21, 18, 5 ou algum outro é um tanto irrelevante. O que importa é que é muito mais fácil vender para alguém que já comprou de você do que tentar vender para novos prospectos.

reclamar. Dependendo da forma como você trata com eles, talvez alguns nem percebam.

Inverta os papéis por um instante e pense nos seus próprios hábitos de compra. Quantas vezes você já se surpreendeu simplesmente passando o cartão de crédito, sem nem olhar para o total, que dirá analisar a conta, item por item? Muitas vezes é o que acontece, em especial quando se trata de bens e serviços de baixo valor. Embora eu vá com frequência à cafeteria do bairro, nem sei ao certo quanto eles cobram pelo café. Mais importante: se o preço aumentasse em 10% ou 20%, eu talvez nem percebesse. Eu só passaria meu cartão e esperaria que servissem o café. Para o dono da loja, porém, suspeito que um aumento de 10% ou 20% no balanço seria significativo, possivelmente a diferença entre prosperar e passar dificuldade.

Quando foi a última vez que você aumentou seus preços? Se já faz algum tempo, talvez seja hora de reavaliar. Eis a questão: se você mantiver seus preços constantes durante muito tempo, em termos reais, na prática, você os está baixando porque com o tempo, a inflação vai tornando o mesmo valor nominal de dinheiro um pouco menor. A inflação é a alta constante do nível de preços geral das mercadorias e serviços ao longo de um período. Pense no preço do leite ou do pão quando você era mais jovem, comparado com agora. É a inflação agindo. Ao não aumentar seus preços por muito tempo, na prática você está tirando de seu próprio faturamento.

A chave para aumentar seus preços de um jeito palatável para os clientes é dar a eles um motivo. Explique a eles a melhoria da qualidade do seu produto ou o aumento do custo dos insumos que você utiliza. Explique a eles os benefícios que eles já recebem com sua oferta e como eles vão se beneficiar das suas futuras inovações. Um percentual dos clientes pode até debandar apesar da explicação; no entanto, esses tendem a ser os clientes de menor valor. Um cliente conquistado por conta do preço será perdido por conta do preço. Quando feito de forma correta, o aumento no lucro gerado pelo aumento dos preços vai suplantar qualquer receita perdida pelos desistentes sensíveis ao preço.

Caso esteja particularmente receoso de que seus clientes atuais não tolerem um aumento dos preços, você pode experimentar a "cláusula de anterioridade". Nela, o aumento de preço é aplicável apenas aos novos clientes, e os atuais são "protegidos" no atual nível de preços. Caso faça isso, certifique-se de informar aos atuais clientes o que está fazendo, já que isso pode reforçar para eles o bom negócio que estão fazendo e aumentar a lealdade a você, já que os faz se sentirem especiais.

Upselling

A pergunta "Quer acrescentar a batata frita?" é responsável por milhões de dólares para o McDonald's. Uma estratégia semelhante de *upsell* pode valer uma fortuna para você. *Upselling* é o acréscimo de itens ao produto ou serviço básico que está sendo vendido.

No clássico livro *As armas da persuasão*, o autor Robert Cialdini discute o "princípio do contraste". Esse princípio entra em ação quando duas coisas diferentes, apresentadas em sequência, parecem mais diferentes do que realmente são. Por exemplo, quando você levanta um objeto pesado e logo depois um objeto leve, tem a impressão de que o segundo é mais leve do que realmente é. Quando seu vizinho faz uma festa barulhenta a noite inteira, você aprecia muito mais a paz e o silêncio do dia seguinte. É o efeito do princípio do contraste.

A mesmíssima coisa acontece com o preço. Quando prospectos compram primeiro o item "caro" básico, os acréscimos sugeridos parecem baratos, na comparação. Homens que já compraram paletós sabem exatamente do que estou falando. Você chega ao balcão com o paletó que escolheu, na expectativa de pagar o preço da etiqueta, mas, na verdade, sua jornada do cliente está só começando. O atendente começa a discutir suas preferências de camisa. Normalmente, você vacilaria diante do preço das camisas, mas, na comparação com o paletó, elas parecem ter um preço razoável. Cinco camisas depois, o atendente está elogiando seu ótimo gosto e ajudando a escolher a cor das gravatas que combinam com elas. Quando você acha que já acabou, chega a vez das meias e dos cintos. No fim das contas, o valor da transação pode ter dobrado ou triplicado.

Duas coisas atuam a seu favor nos *upsells*. Primeiro, o princípio do contraste, como já discutido. Segundo, como o prospecto não estava especificamente querendo comprar seus adicionais sugeridos, estão bem menos sensíveis ao preço do item acrescido. Esses dois fatores representam margens bem maiores para você. Embora eu não recomende isto como estratégia, não é raro que o produto básico tenha uma margem apertada, e o verdadeiro lucro seja feito nos *upsells*. Muitos produtos eletrônicos são vendidos assim, com uma margem estreitíssima nos produtos básicos, e a maior parte do lucro real provém de acessórios adicionais, como cabos, baterias e garantias estendidas.

Uma ótima forma de apresentar um *upsell* é dizer: "A maioria dos clientes que comprou X também comprou Y." Você vê isso em grandes lojas de e-commerce, como a Amazon. As pessoas gostam de fazer parte das normas sociais. Ao contar a elas quais são os hábitos "normais" de compras, você tira proveito do poderoso e arraigado desejo psicológico de "pertencer".

Há quem pense, equivocadamente, que, quando o cliente acabou de comprar é preciso dar a ele uma pausa, antes de tentar vender de novo, mas nada pode estar mais distante da verdade. Quando o prospecto está "maduro", imbuído com o espírito de compra, é muito mais receptivo a outras ofertas. É a sua oportunidade para juntar tudo com um adicional de margem elevada. Isso propicia ao cliente um resultado melhor e aumenta de forma instantânea o valor de tempo de vida do cliente.

Ascensão

"Ascensão" é o processo de fazer os clientes atuais passarem a consumir seus produtos e serviços de preço mais alto e, se possível, margem mais alta. É o provedor que lhe vende um plano com velocidade mais alta ou a concessionária que propõe o modelo de carro superior. Campanhas de ascensão precisam ser um elemento constante do seu processo de marketing. Muitas vezes, o cliente se contenta com o produto ou serviço atual, mesmo podendo pagar e se beneficiar de um *upgrade*. Essa inércia atua contra você.

Além do simples lucro maior que ela proporciona, a campanha de ascensão ajuda você a combater essa inércia e pode impedir que o cliente mude para o concorrente. Quando o cliente analisa por conta própria uma mudança de patamar, porque seu produto ou serviço atual já não atende às necessidades dele, muitas vezes vai olhar para aquilo que seus concorrentes têm a propor e culpar você pela experiência "ruim" que vêm tendo com seu produto ou serviço. A única coisa que enxergam é que o acesso à internet que você vendeu é irritantemente lento ou que o carro comprado consome muito combustível. Mesmo que a culpa seja do cliente, por ter escolhido a opção mais barata três anos atrás, a culpa e o problema são seus caso você o perca, porque não foi proativo o suficiente para estar à altura de suas necessidades.

Também é ruim ter apenas uma opção de preço ou apenas uma opção para cada produto ou tipo de serviço. Ter apenas uma opção significa desperdiçar uma enorme quantidade de dinheiro. Você precisa ter, no mínimo, uma opção "*standard*" e uma opção "premium" em cada categoria. No Capítulo 6, discutimos a importância de também ter um item de tíquete altíssimo no seu mix de produtos.

Esse tipo de oferta pode representar um percentual muito elevado do seu lucro líquido, mesmo que você venda apenas um número reduzido de unidades. Também atrai clientes com maior poder aquisitivo, que compram com base no prestígio, no serviço e na comodidade, contrastando com clientes com menos poder aquisitivo, que tendem a comprar pelo preço. Como mencionado no Capítulo 6, uma regra de ouro geral é que cerca de 10% dos seus clientes pagariam dez vezes mais, e 1% pagaria cem vezes mais. Ter uma só opção significa deixar de ganhar uma enorme quantia.

Itens de tíquete caríssimo também ajudam você a se beneficiar do princípio do contraste de Cialdini. Seus clientes menos abastados vão achar o preço de seus produtos e serviços padrão muito mais razoável, na comparação, talvez conservando ao mesmo tempo muitos dos atributos e benefícios principais do item de tíquete caríssimo.

Por fim, as opções mais caras dão ao cliente um caminho para o *upgrade*, algo que se deve almejar. As pessoas sempre querem aquilo que não podem ter, e oferecer itens de tíquete caríssimo pode manter vivo o desejo de comprarem de você no futuro, quando estiverem em melhores condições para isso.

Frequência

Aumentar a frequência com que seus clientes compram de você é outra estratégia sólida para aumentar o valor de tempo de vida. Há muitas formas de fazer isso, mas eis algumas das minhas favoritas.

Lembretes. As pessoas são ocupadas. Nem sempre se lembram de fazer as coisas no devido tempo, mesmo quando isso é bom para elas. Envie lembretes por correio, e-mail ou *Whatsapp*, estimulando que voltem a fazer negócio com você. O envio de lembretes periódicos pode ser integralmente automatizado; portanto, permita que a tecnologia carregue o piano por você. Há quem tenha receio de parecer insistente demais. No entanto, se você vende algo de valor, que beneficia o cliente, estaria lhe prestando enorme desserviço se não tentasse vender com certa frequência. Os candidatos ideais para esses lembretes são produtos e serviços cujos benefícios ou utilidade perdem a validade. Entre os exemplos estão: manutenção de automóveis, massagens, cartuchos de tinta, vacinação de pets e muitos outros.

Mas e se você vender um produto ou serviço com um tempo de vida mais longo — por exemplo, imóveis, carros ou planejamento financeiro — e não souber exatamente quando o cliente deve voltar a comprar? Tratamos disso no Capítulo 5. Mantenha o contato e continue desenvolvendo o relacionamento com o cliente através de seu sistema de fomento. Pode ser algo simples, como um cartão ou uma *newsletter* mensal. Isso vai ajudar o cliente a se lembrar de você. Assim, quando ele estiver disposto a comprar de novo, você será a escolha natural.

Dê um motivo para o cliente voltar. Recentemente, minha esposa estava comprando sapatos em uma sapataria especializada, que fica a quase uma hora de casa. Na conclusão da compra, ela recebeu um vale de 30 dólares para cada 100 dólares gastos. Como seu total foi de cerca de 300 dólares, ela acabou recebendo um vale de 90 dólares. O vale foi dado a ela no caixa, ao pagar, e tinha seis meses de validade. Porém, o mais importante é que a validade começava no dia seguinte à emissão; por isso, ela não tinha como simplesmente entrar de novo na loja e usá-lo de imediato. Você tinha que voltar em outro dia para usar.

Ela voltou para casa e me falou de todos os descontos maravilhosos que tinha encontrado, como as esposas tendem a fazer. Depois, me disse: "Eles tinham uns sapatos que eu acho que você ia gostar, e me deram esse vale de 90 dólares. Seria uma pena você desperdiçar." Adivinha para onde fui arrastado no dia seguinte? Depois de passar metade da tarde de sábado experimentando sapatos de que eu não sabia que precisava, nos vimos no caixa entregando mais 200 dólares. A caixa nos deu a boa notícia: Tínhamos gastado 200 dólares, então tínhamos direito a um vale de 60 dólares. O que aconteceu em seguida é uma aula de psicologia humana que valia os 200 dólares a mais.

Testemunhei minha esposa, que estava cansada de dirigir na ida e na volta até aquela sapataria distante, quase implorar à caixa que não lhe desse o vale, porque ela não queria ter que fazer todo aquele caminho de carro de novo e que tampouco queria "desperdiçar" o cupom. A moça sorriu e, em tom de desculpas, explicou que era a política da loja e que ela era obrigada a entregar os vales. Com uma tática simples, a loja tinha praticamente duplicado o valor inicial da transação, criando uma dor psicológica associada a não voltar para fazer compras consecutivas. Como você pode usar uma tática parecida para incentivar isso? Note que isto não tem nada a ver com descontos. É um incentivo que quase força uma compra futura.

Facilite a recompra com assinaturas. Alguns produtos ou serviços, como acesso à internet, seguros ou fornecimento de energia elétrica se prestam naturalmente a um modelo de negócio por assinatura. No entanto, você precisa pensar fora da caixa e tirar partido de uma revolução em andamento na forma de vender produtos que tradicionalmente não tinham assinatura.

Nos Estados Unidos, o Dollar Shave Club criou um serviço de assinatura de lâminas de barbear baratas. Brilhante! Não apenas eles geraram enorme valor e conveniência para os clientes, como também passaram a cobrar pelo produto todo mês até que a pessoa cancelasse. Outras categorias de produtos seguiram a mesma linha, permitindo que você pagasse assinaturas mensais de cosméticos, roupa de baixo, frutas, meias, rações para pet e muito mais.

Agora, uma grande caixa de ração para cachorro chega automaticamente à minha porta a cada 45 dias. Não preciso mais caminhar até a *pet shop* só para descobrir que está em falta. Não preciso mais colocar e tirar do porta-malas e levar para casa. É automático; nem preciso mais pensar nisso, e meu fornecedor, imagino, está animadíssimo com o fluxo previsível de receita. Se você vende itens de consumo de qualquer espécie, não daria para transformar seu produto em um serviço por assinatura?

O efeito colateral disso é, em geral, desligar o radar do cliente para compras pelo preço quando ele compra por assinatura. Onde anteriormente eu ficaria tentado a analisar ofertas de desconto da marca específica de ração que eu compro, entre os diversos varejistas de ração canina da minha região, agora meu radar está desligado. Sei que alguém já cuida disso a cada 45 dias, então por que eu me incomodaria em procurar? Claro, pode ser que seu cliente dê uma checada de vez em quando, sim, mas, com um serviço por assinatura, ele não precisa mais tomar uma decisão de compra a cada oportunidade. Se você entrega valor adicionado sob a forma de praticidade, é muito provável que seu cliente não se incomode de pagar um pouco a mais. As pessoas entendem que a comodidade tem um preço, e a maioria está de acordo com isso.

Reativação

Tenho quase certeza de que você está sentado em uma mina de ouro sob a forma de clientes antigos. Clientes antigos confiaram em você o bastante para cruzar o fosso entre prospecto e cliente. Podem ter parado de comprar de você por uma série de razões, entre elas uma experiência negativa, um preço melhor em outro lugar, mudança de domicílio ou simples apatia, porque você não lhes proporcionou um motivo convincente para voltar.

Essa lista de nomes tem enorme valor, pois todo o duro trabalho exigido para fazer o prospecto conhecer, gostar e confiar em você já foi realizado. Agora, você só precisa acionar uma campanha de reativação para recuperá-los. Isso é ótimo para conseguir algumas vitórias imediatas e gerar um caixa rápido.

Eis as regras básicas para fazer uma campanha de reativação:

1. Comece repassando seu banco de dados de clientes e selecionando os nomes de ex-clientes que não dão notícias ou que não compram de você há algum tempo. Obviamente, o ideal é eliminar os maus clientes que você não quer de volta.
2. Crie uma oferta poderosa para induzi-los a voltar. Um cartão-presente, um cupom de desconto ou uma oferta gratuita com uma forte chamada à ação costumam funcionar bem.
3. Entre em contato com esses ex-clientes e pergunte por que não retornaram. Caso tenha sido por um erro seu, e caso seja apropriado, peça desculpas e descreva qual atitude tomou para redimir o problema. Se o cliente for reativado e voltar a comprar de você, faça *follow-up* logo em seguida para que ele se sinta especial.

Alguns ótimos temas e slogans de campanhas de reativação são "Estamos com saudades" ou "Fizemos algo errado?". A partir daí, você pode contar que percebeu que faz tempo que o cliente não compra de você, que você adoraria tê-lo de volta, e mostrar quanto ele é especial. Já deu para entender, né?

Em um mundo ideal, campanhas de reativação não seriam necessárias, mas, na prática, a verdade é que às vezes você vai pisar na bola, perder um cliente para a concorrência ou apenas não prestar a devida atenção em seus esforços de marketing. Uma campanha de reativação pode renovar o relacionamento com o cliente e contribuir de maneira significativa para aumentar o tempo de vida dele.

Os números contam a história toda

Adoro boas histórias, e narrativas compõem boa parte daquilo que fazemos como profissionais de marketing. Porém, quando a questão é medir e gerir o sucesso do seu negócio, muitas vezes as narrativas obscurecem a verdade.

Quem já assistiu ao programa de TV americano *Shark Tank* sabe do que estou falando. Caso você nunca tenha assistido, *Shark Tank* ["Tanque dos Tubarões"] é um *reality show* em que empresários tentam promover seu negócio a um grupo de investidores ricos (os tais "tubarões"), na esperança de que invistam nele. Sempre começa do mesmo jeito previsível. O empreendedor apresenta o produto ou serviço, explica qual o problema que ele resolve e, em geral, faz uma demonstração.

A apresentação costuma terminar com ele contando aos tubarões a grande oportunidade de investimento que seu negócio representa. Em seguida, os tubarões fazem algumas perguntas banais e de repente, de forma inevitável, vem a pergunta que está na cabeça de qualquer investidor em potencial: "Conte-nos seus números de vendas." É nessa hora que a maioria dos empreendedores amadores faz careta e começa a contar uma história comprida e enrolada para explicar por que as vendas são fracas ou inexistentes.

Também existem ótimos exemplos desse tipo de história da carochinha em muitos folhetos e relatórios de investidores. Vangloriam-se de seus produtos e serviços, descrevem todo o potencial que eles têm e reforçam tudo com belos gráficos que ilustram uma trajetória saudável de crescimento. Aí, você chega aos números para valer e é um mar de vermelho. Quando estou a fim de ler uma boa ficção, deixo de lado os romances de Stephen King e vou direto para esses relatórios. Pode ser uma leitura bem divertida!

Provavelmente você já ouviu uma máxima da administração muito citada, segundo a qual **só dá para gerir o que dá para medir.** O marketing é um jogo em que é preciso medir, gerir e melhorar constantemente os indicadores. Não há necessidade de história comprida e enrolada. Você só precisa dos números, porque **os números contam a história toda.**

Seu médico só precisa de uma série de indicadores-chave para saber bastante coisa sobre seu estado de saúde. Seu contador só precisa de alguns indicadores-chave para saber o estado do seu negócio. Isso também vale para o seu marketing. Você precisa conhecer e melhorar continuamente os seus números. Em breve, vou demonstrar por que isso é tão importante, mas por ora eis alguns dos indicadores-chave que você precisa conhecer:

- **Leads:** Calcule o número de novos *leads* que chegam ao seu negócio (a captura e o fomento de *leads* foram abordados nos capítulos 4 e 5).
- **Taxa de conversão:** Calcule o percentual de *leads* que você converteu em clientes pagantes (tratamos da conversão de vendas no Capítulo 6).
- **Valor médio por transação:** Conheça a quantia média que os clientes gastam com você (analisamos várias maneiras de aumentar esse número anteriormente neste capítulo).
- **Ponto de *break-even:*** Identifique a quantia de que você precisa para manter suas portas abertas. Isto inclui coisas como aluguel, pessoal, equipamentos e outras despesas operacionais.

Todos esses números são, em geral, medidos mensalmente, mas, dependendo do tamanho da sua empresa, pode-se medi-los toda semana ou até todo dia. Agora, analisemos um exemplo que demonstra toda a força de medir, gerir e melhorar esses números.

Imagine que você tem uma loja on-line que vende produtos eletrônicos. Você importa bens da China e tem uma saudável margem de 50% em cada item listado em sua loja online. Você recebe uma média de 8 mil visitantes por mês no seu site, e destes uma média de 5% acabam fazendo uma compra. Na média, cada cliente gasta 500 reais com você. Seu ponto de *break-even*, que abarca despesas operacionais como a gestão de estoque, o gasto com pessoal e a hospedagem do site, é de 90 mil reais por mês. Portanto, seus números mensais serão mais ou menos assim:

Leads	8.000
Taxa de conversão	5%
Total de conversões:	400
Valor médio por transação	R$ 500,00
Receita total:	R$ 200.000,00
Margem bruta	50%
Lucro bruto total:	R$ 100.000,00
Ponto de break-even	R$ 90.000,00
Lucro líquido total:	R$ 10.000,00

Agora, tudo o que queremos é focar na melhora desses três indicadores-chave. Queremos melhorar *leads*, taxa de conversão e valor médio por transação em apenas 10% cada.

Para isso, você torna seu texto publicitário mais convincente, e em vez de 8 mil visitantes no seu site, você recebe 8.800. Em seguida você cria uma garantia imbatível de inversão de risco, que aumenta sua taxa de conversão de 5% para 5,5%. Por fim, na sua página de *check-out*, você tem uma oferta de *upsell* que aumenta seu valor médio por transação de 500 para 550 reais. Sua margem continua a mesma, em 50%, e as despesas correntes fixas permanecem, em 90 mil reais por mês.

Os números antes e depois das suas otimizações de marketing ficam assim:

	ANTES	DEPOIS
Leads	8.000	8.800
Taxa de conversão	5%	5,5%
Total de conversões:	400	484
Valor médio por transação	R$ 500,00	R$ 550,00
Receita total:	R$ 200.000,00	R$ 266.200,00
Margem bruta	50%	50%
Lucro bruto total:	R$ 100.000,00	R$ 133.100,00
Ponto de *break-even*	R$ 90.000,00	R$ 90.000,00
Lucro líquido total:	R$ 10.000,00	R$ 43.100,00

Viu o que aconteceu? Melhoramos apenas três indicadores-chave em só 10%, porém o resultado no balanço é uma melhora de espantosos 431%. No primeiro cenário, o dono do negócio levava para casa 120 mil reais por ano, sem os impostos. No segundo, ele leva para casa 517.200 reais por ano. Você acha que isso teria um forte impacto na sua vida? Sem sombra de dúvida, não é mesmo?

Reconheço que é um exemplo bastante simplificado, e que estamos fazendo conta de guardanapo, para fins de demonstração. Porém, em pouco tempo fica claro quanto o marketing é um enorme ponto de alavancagem para um negócio.

Otimizações extras podem ser feitas elevando a margem bruta através de aumentos de preços ou de maior poder de barganha com o fornecedor atacadista. Talvez algumas despesas operacionais possam ser cortadas com maior automação e sistemas de negócios.

O argumento principal é que medir, gerir e melhorar os indicadores-chave de marketing, mesmo que em pequenos acréscimos, pode ter um impacto maciço no resultado. **Pequenas dobradiças abrem grandes portas**.

Existem várias outras métricas-chave que você precisa medir e gerir. Como discutido no Capítulo 3, o custo de aquisição do cliente é uma métrica importante, que o ajuda a descobrir, na média, quanto você gasta com mídia para atrair e converter um cliente novo. Isto, por sua vez, ajuda na descoberta do tipo de retorno sobre o investimento que aquela mídia específica lhe proporciona.

Como falamos antes neste capítulo, é muito importante que sua empresa ofereça uma assinatura ou algum elemento recorrente. Se isso ainda não acontece, é algo que você precisa implementar com urgência. Eis algumas das métricas-chave que você precisa medir e gerir em um modelo de negócio recorrente ou por assinatura:

- **Renda mensal recorrente:** É o total das suas cobranças recorrentes. O ideal é que esse número vá crescendo com o passar do tempo. Se estagnou ou vem caindo, pode ser que você tenha um problema de perda ou de aquisição de clientes.
- **Taxa de cancelamento** *(churn rate)***:** É o percentual de clientes recorrentes que cancelam assinaturas ou param de comprar de

você. Encher o balde é ótimo, mas não adianta se todo o conteúdo vaza rapidamente.
- **Valor de tempo de vida do cliente:** Esta métrica-chave é o foco deste capítulo. O dinheiro mora no aumento desse indicador.

Ficar o tempo todo de olho em seus indicadores-chave é uma das melhores formas de gerir seu negócio e garantir que as coisas caminhem na direção certa. Evita surpresas desagradáveis nos balancetes financeiros trimestrais ou anuais.

Recomendo muitíssimo que você monitore essas métricas de marketing, assim como outros números relevantes da sua empresa, em um painel. Esse painel pode ser simples como um quadro-branco com os números importantes atualizados à mão, mensal ou semanalmente, ou algo mais sofisticado, como uma tela em tempo real ou uma página da intranet da empresa. Soluções comerciais de software, como o Geckoboard, podem recuperar dados de forma automatizada, em tempo real, de uma série de fontes. Isso facilita o controle de suas métricas-chave. Entre outras métricas que pode valer a pena incluir em seu painel estão a taxa de satisfação do cliente e o número de reclamações recebidas.

Um painel de negócios é um excelente sistema de alerta precoce de problemas, que pode manter você e sua equipe animados, motivados e responsáveis. O empresário inteligente associa incentivos à obtenção de métricas-chave. Pode ser algo informal, como levar a equipe para jantar, caso a taxa de cancelamento fique abaixo de certo limiar, ou pode ser algo mais formal, como condicionar bônus e revisões de desempenho a certas métricas.

Medir, gerir e melhorar seus números, diária, semanal ou mensalmente, é crucial para manter um negócio de alto crescimento.

"Receita poluída" e "real desigual"

A maioria dos empreendedores tem motivação, mas, no impulso para crescer e gerar receita, às vezes não reflete o bastante sobre a **qualidade** dessa receita. Nesta seção, quero apresentar o conceito de "real desigual". É absolutamente crucial para ajudá-lo a ter uma tribo de fãs apaixonados, em vez de simples clientes efêmeros. Isto é fundamental para o seu êxito. A diferença entre um cliente que representa apenas mais uma transação e um cliente que é um fã apaixonado é enorme, mesmo que o valor nominal em reais da transação seja o mesmo. Isso acontece porque nem toda receita é boa e nem todo crescimento é bom. Por exemplo, o câncer cresce, mas não é o tipo de crescimento desejado. Da mesma forma, o crescimento do tipo errado de receita é fatal para uma empresa.

Empresas precisam de receita como o corpo precisa de água e oxigênio. Pequenas empresas muitas vezes carecem de recursos, por isso é perdoável que não diferenciem muito de quem a receita provém. Costumam estar no modo "matar para comer". Mas, se quando você bebe água poluída ou respira ar poluído, adoece, quem aceita clientes tóxicos gera **receita poluída**, que faz sua empresa adoecer.

Em outras palavras, 1 real de um cliente inferior ou tóxico não vale o mesmo que 1 real de um cliente que é fã apaixonado. É vital compreender esse princípio do real desigual. De modo geral, sua base de clientes pode ser dividida em quatro categorias.[11]

1. **A tribo:** Esse conjunto de clientes é formado por fãs apaixonados, torcedores e animadores de torcida, que promovem sua empresa e conspiram de forma ativa em favor do seu êxito. Essa receita é saudável e faz a empresa crescer. Aumentar a quantidade de clientes desse tipo é a chave para ser bem-sucedido e atingir alto crescimento.
2. **Os desistentes:** São clientes que não podem bancar você, seja por falta de dinheiro, seja por falta de tempo. Para convencê-los a comprar, você pode ter apelado para táticas de venda e de marketing excessivamente agressivas, como promessas exageradas ou descontos pesados. Só que, tão logo descobrem que seu produto ou serviço não é para eles, eles cancelam. Quem tem um número excessivo de clientes assim pega a "gripe do cancelamento", que pode ser fatal para o negócio. Esse tipo de cliente também gera um problema de marca para a sua empresa, porque muitas vezes eles dão as costas,

---

[11] Muitos dos conceitos desta seção foram propostos por Richard Tripp, especialista em hipercrescimento e criador do Método POV, que ajuda a categorizar receitas entre saudáveis e não saudáveis.

voltam ao mercado e contam para todo mundo que você mentiu ou foi desonesto.
3. **Os vampiros:** Ao contrário dos desistentes, os vampiros podem bancar você, **mas é você que não tem como bancá-los**. Eles consomem uma quantidade terrivelmente desproporcional de recursos, na comparação com seu cliente médio, e pagam a mesma quantia que os demais. Em geral não estão satisfeitos em lidar com sua equipe atual. Querem sempre "falar com o chefe" e muitas vezes aterrorizam ou manipulam esse chefe para que, por sua vez, este aterrorize os subordinados no interesse deles. O que fazem é apenas sugar o sangue da sua empresa.
4. **Os ursos-polares:** Podem até ser seus maiores clientes, aqueles que representam uma boa parte da receita e lhe dão um monte de dinheiro. São clientes diferenciados e maravilhosos, mas extremamente raros e quase impossíveis de reproduzir. A maioria das empresas tem clientes assim. Também tendem a ser clientes muito agradáveis com que se trabalhar. São tão incríveis que a equipe e os líderes da empresa adoram passar bastante tempo com eles. No geral, porém, são um mau investimento, justamente por serem tão raros e, portanto, não renderem uma boa estratégia de crescimento.

Outra maneira mais formal de classificar os clientes é usar o Net Promoter Score (NPS), ou índice de promoção líquida. O NPS foi criado para medir a lealdade e a satisfação do cliente. Na terminologia do NPS, os clientes são "promotores", "detratores" ou "passivos". O NPS mais baixo é de -100 (todo mundo é detrator) e o mais alto é de +100 (todo mundo é promotor). Um NPS positivo (ou seja, acima de zero) é considerado bom, e um NPS de +50 é excelente. O Net Promoter Score é calculado com base nas respostas a uma única pergunta: "Qual a probabilidade de você recomendar nossa empresa/produto/serviço a um amigo ou colega?"

A pontuação dessa resposta se baseia, em geral, em uma escala de um a dez. Aqueles que dão nota nove ou dez são rotulados "Promotores". Os que dão uma nota de até seis são rotulados "Detratores". Os que respondem com sete ou oito são rotulados "Passivos". Muitas vezes, a nota é acompanhada de uma pergunta aberta, questionando as razões da nota do cliente. Essas razões podem, então, ser usadas pela administração em ações de *follow-up*.

Quer você use métricas mais formais, como o NPS, com seus rótulos de Promotor e Detrator, quer use técnicas menos formais e rótulos como tribos, desistentes e vampiros para classificar seus clientes, é importante que você não trate a todos eles e a todas as receitas do mesmo jeito. Não se deixe enganar e acreditar que toda receita é boa.

"Demita" os clientes-problema

Demitir clientes? Parece um conceito muito estranho para a maioria dos empresários, sempre desesperados em busca de novos clientes e novos negócios. Também pode parecer bizarro que, em um livro só sobre marketing e aquisição de clientes, tenhamos uma seção dedicada à demissão deles. No entanto, como acabamos de mencionar, nem todo real é igual e nem toda receita é boa. Às vezes você chega a um ponto em que sabe que tem clientes tóxicos e receitas poluídas. Você sabe que isso está sugando a vida da sua empresa e que não pode continuar assim.

Não demitir clientes-problema provavelmente vai lhe custar muito tempo, dinheiro e dor de cabeça. Você já deve ter ouvido aquele velho clichê dos negócios: "O cliente sempre tem razão." Estou aqui para lhe dizer que o cliente nem sempre tem razão. Quem tem sempre razão é o **bom** cliente. Levar a sério o clichê em sua forma original fará de você um capacho na vida profissional, o tempo todo tentando agradar ou reter clientes problemáticos, como os vampiros e os desistentes. Porque, ao contrário do vinho tinto, clientes-problema não melhoram com o tempo.

Primeiro, um esclarecimento. Não estou falando de clientes que têm um motivo de queixa legítimo. Clientes assim são ativos valiosos de inteligência e muitas vezes são quem nos ajudam a descobrir nossos pontos fracos. Podem até revelar algo que estava fazendo você perder mercado sem saber, porque outros clientes insatisfeitos não reclamaram: eles simplesmente pararam de comprar de você. Resolver queixas pertinentes do consumidor pode reforçar sua relação com ele e tornar sua empresa mais robusta. O cliente que vê você reagir e resolver a queixa legítima tem muito mais probabilidade de voltar a comprar de você e de recomendá-lo a outros. Eles se sentem valorizados, respeitados e levados a sério.

Vamos definir "cliente-problema". Por algum motivo, existe um percentual da população que nunca está satisfeito. É gente que tende a recair nas categorias de detrator/vampiro/desistente. São pessoas que estão sempre reclamando, insatisfeitas e com a impressão de que todo mundo quer levar vantagem sobre elas. Mesmo que você despeje ouro nessa pessoa, ofereça de graça seu produto ou serviço, ela sempre vai achar algo para se queixar. Gente assim é como um câncer que suga a vida de você e da sua empresa. Sugiro cortar o mais rápido possível.

Sem exceção, nos vários negócios e setores onde trabalhei, concluí que são os clientes de baixo valor, sensíveis ao preço, os que mais reclamam, os que mais tomam seu tempo e os que mais precisam ser forçados a pagar. Os clientes de alto valor, os mais lucrativos, tendem a pagar no prazo, tratar você com respeito e valorizar seus serviços. Parece paradoxal, eu sei, mas isso se mostrou verdadeiro em todos os negócios com os quais já me envolvi. Sugiro que, como parte de suas atividades regulares de manutenção, você demita esses clientes-problema, de baixo valor.

Como donos de empresas, muitas vezes nos deixamos enganar e acreditamos que, desde que o número bruto de vendas continue alto, sempre sobrará um valor líquido que valerá a pena. No entanto, se você fosse fazer uma contabilidade sincera de perdas e ganhos com esses clientes-problema, levando em conta todo o tempo perdido correndo atrás deles e apaziguando suas crises, descobriria que muitas vezes o lucro real com eles é pequeno ou zero. Na verdade, provavelmente a maioria deles geraria perda líquida, se levarmos em conta o baixo valor que agregam, combinado ao tempo e energia necessários para lidar com eles.

Outro motivo importante para demitir clientes de baixo valor é que, além de drenarem seus recursos financeiros, eles também fazem você desperdiçar oportunidades. Demiti-los libera tempo e recursos preciosos, que podem ser utilizados para focar e gerar valor com os membros atuais da tribo, e na aquisição de novos. Quando os clientes tóxicos tomam todo o seu tempo e sua energia, quem costuma sofrer com falta de atenção são os clientes de alto valor e respeitosos. Portanto, não tente colocar óleo em uma engrenagem que está rangendo. Troque-a imediatamente.

Os membros da sua tribo são como a "Amélia" que cuida das coisas em casa e mantém tudo funcionando enquanto o marido está na boate, procurando atenção onde não deveria. Sua tribo são os clientes que mantêm a luz acesa, fecham com você e promovem você, mesmo quando você está ocupado tentando acalmar vampiros, retendo desistentes e dedicando tempo e recursos aos ursos-polares.

Demitir os detratores fornecerá o tempo necessário para mostrar mais carinho pelos membros da sua tribo, que são de alto valor. Fazer isso reforça a lealdade e pode resultar, de maneira muito rápida, em uma receita sadia e mais valor de tempo de vida, compensando de longe a perda de "receita poluída".

Outro efeito colateral benéfico da demissão de clientes-problema é que ela provoca escassez sem ser enganosa. Passa a mensagem de que sua oferta é limitada, e que você é muito seletivo em relação a com quem trabalha. Quando a oferta é limitada, as pessoas necessariamente precisam jogar e pagar de acordo com as suas regras.

Ser empresário tem que ser divertido. Quando você deixa clientes-problemas tirarem a graça, perde uma das maiores alegrias de ter o próprio negócio. Deixa de ser divertido, e não há dinheiro no mundo que compense ficar triste. Se perdeu a graça, provavelmente você não está fazendo a coisa certa. De vez em quando, reserve um tempo para analisar quais clientes estão lhe causando mais sofrimento, e dê a eles a fatídica notícia que merecem. Você estará tirando um enorme peso dos seus ombros e terá energia renovada para focar nos membros de alto valor de sua tribo.

Melhor ainda, você pode acertar dois coelhos com uma cajadada só, enviando seus clientes-problema para seus concorrentes diretos. Você estará se livrando do problema e ao mesmo tempo gerando um peso para o seu competidor.

Tarefa do Capítulo 8:

Como você vai aumentar o valor do tempo de vida do cliente?

Preencha o quadrado número 8 do seu formulário do Plano de Marketing de 1 Página.

9
COMO INDUZIR E ESTIMULAR INDICAÇÕES

Resumo do Capítulo 9

Induzir e estimular indicações é um processo proativo. Muitas empresas ficam na expectativa de receber indicações, mas carecem de um sistema criado especificamente para que isso aconteça. Ao implementar algumas táticas simples, você pode tornar o fluxo de indicações uma parte mais constante do seu processo de marketing.

Entre os principais tópicos cobertos neste capítulo estão:
- Por que depender do boca a boca é uma estratégia perdedora.
- Como pedir indicações sem parecer necessitado ou desesperado.
- A "Lei dos 250", e o que ela tem a ver com um fluxo constante de indicações.
- A psicologia por trás do marketing das indicações e como fazer os atuais clientes quererem indicar você.
- Como gerar um cenário em que todo mundo ganha com *joint ventures*.
- Como lucrar indicando outras empresas para seus clientes.
- O que é, de fato, o *branding* e como aumentar o valor da marca do seu negócio.

Como induzir e estimular indicações

Não confie no almoço grátis

Quando converso com empresários sobre como eles se promovem, o "boca a boca" quase sempre aparece como a principal ou a única forma de marketing da qual dependem. Antes, isso me deixava espantado, mas agora já é a resposta que espero. Quando me refiro ao marketing "boca a boca", estou falando do tipo passivo, quando você acha que, fazendo um bom trabalho, a notícia automaticamente vai se espalhar e mais clientes chegarão.

Percebeu que o nome deste capítulo não é "Sente-se e espere indicações"? O nome dele é "Como **induzir** e **estimular** indicações". Isso dá a entender que receber indicações exige alguma ação da sua parte. Mesmo assim, muitos empresários consideram as indicações algo que não depende deles e que simplesmente acontece (ou assim espera-se). Embora o marketing do boca a boca passivo seja ótimo, é um jeito muito lento e pouco confiável de fazer uma empresa crescer. Supondo que você faça tudo direitinho, pode levar muitos anos, e até décadas, para ter um negócio bem-sucedido apenas com base no boca a boca. Como discutimos no Capítulo 3, ter uma única fonte de novos negócios é perigosíssimo, mas é duas vezes mais perigoso quando não se tem controle sobre essa fonte.

O boca a boca é o equivalente, no mundo dos negócios, ao almoço grátis. Claro, é ótimo quando aparece um, e você gosta, mas será que dá para confiar só nele para alimentar você e sua família? Ao depender unicamente dessa estratégia, você coloca a sorte da sua empresa nas mãos de terceiros, na esperança de que tanto gostem quanto se lembrem de você com frequência suficiente para lhe enviar novos contatos periodicamente. É um caminho arriscado a seguir. Se a sua empresa estiver fazendo algo parecido, é hora de começar a montar um sistema de marketing de indicações bem mais robusto. Você precisa induzir e estimular indicações, em vez de se contentar com ter esperança e ficar na expectativa de que elas aconteçam.

A chave do problema parece ser que os empresários não querem ser vistos como necessitados ou desesperados, na busca ativa de referências. Têm a impressão de que pedir indicações é como implorar ou pedir um favor, e com certeza não é o tipo de posicionamento ideal.

É importante entender a psicologia por trás do marketing de indicações antes de entrarmos em táticas específicas. Pense na última vez em que você recomendou um restaurante ou um filme a um amigo. Você fez isso como um favor para o dono do restaurante ou da rede de cinemas? Improvável. O mais provável é que você quisesse que seu amigo tivesse uma ótima experiência. Você fez a indicação porque ela causava uma boa impressão ou sensação a **você**. É exatamente este o conceito que deve ser usado em nosso marketing de indicações, mas, em vez de esperar que alguém nos descubra e nos compartilhe, o ideal é induzir e estimular esse processo, tornando-o mais proativo e confiável.

Quem pede recebe

Lembra-se do maior vendedor do mundo, Joe Girard, que apresentamos no Capítulo 5? Em parte, o motivo para ele ter começado a enviar cartões mensais aos clientes da sua lista foi a "Lei dos 250". Depois de assistir a um enterro católico, Joe consultou o livro de visitas e contou o número de pessoas que assinavam em cada funeral. Ele percebeu que eram, em média, 250 pessoas. Logo depois, ele vendeu um carro para o dono de uma funerária e, depois da venda, perguntou a ele quantas pessoas, em média, atendiam os enterros que ele organizava. O homem respondeu: "Umas 250."

Em outra ocasião, Joe e a esposa estavam assistindo a um casamento, e ele perguntou ao dono da empresa de banquetes qual era o número médio de convidados nos casamentos. "Cerca de 250 do lado da noiva e mais 250 do lado do noivo", foi a resposta. Foi assim que Joe chegou à conclusão de que a maioria das pessoas tem cerca de 250 pessoas importantes o bastante na vida para convidar a um casamento ou a um enterro.

A partir disso, ele conclui que cada pessoa com quem ele fazia negócio representava 250 indicações em potencial se ele fizesse um excelente trabalho, ou 250 inimigos se ele fizesse um serviço porco. Por isso, ele se propôs a construir relacionamentos em vez de pensar de forma meramente interesseira e apenas vender carros. Uma das coisas que Joe fez foi o *follow-up* com os novos clientes, perguntando o que estavam achando do carro novo. Se tudo estivesse indo bem, ele pedia uma indicação. Se não estivesse, ele resolvia o problema primeiro e só depois pedia uma indicação.

Isto nos leva a **uma das melhores estratégias para conseguir o que você quer no trabalho, e até mesmo na vida: simplesmente peça**.

Há pessoas que ficam só esperando serem descobertas, escolhidas, indicadas. Você, porém, é um empreendedor, o que significa que **você faz as coisas acontecerem** para si. Não fica apenas esperando que aconteçam com você. Tendo isto em mente, uma das melhores formas de obter referências é pedindo-as diretamente aos clientes a quem você entregou um bom resultado. É espantoso o número de empresários que querem indicações, porém raramente as pedem, algo tão simples quanto:

> *Sr. Cliente, foi um enorme prazer fazer negócio com o senhor Caso saiba de alguém que esteja em situação semelhante, adoraríamos presentear essa pessoa com um desconto de 100 reais na primeira consulta dela conosco. Um dos motivos que nos permitem manter reduzido o preço dos nossos serviços é que muitos negócios novos chegam através de indicações de clientes como você.*

Note o que está acontecendo aqui:

- Estamos valorizando o cliente e apelando para o ego dele. As pessoas adoram ser valorizadas.

- Não estamos pedindo um favor, e sim oferecendo algo de valor que ele pode dar a alguém com quem ele se relaciona.
- Estamos dando a ele um motivo para nos indicar — e um motivo que o beneficia diretamente.

Ao implantar um sistema de geração de indicações, aumentamos fortemente a confiabilidade do marketing boca a boca. E, embora nem todo mundo vá indicá-lo, muita gente vai, e com certeza isso é melhor do que ter apenas uma esperança passiva.

É quase garantido que seu cliente conheça outras pessoas parecidas com ele. É da natureza humana sermos atraídos por gente com os mesmos gostos, interesses e circunstâncias que nós.

Outra estratégia excelente é informar, durante a venda ou o processo de atração do cliente, que você **espera** que ele lhe faça indicações no curso natural da transação com você.

Sr. Cliente, prestaremos a você um serviço espetacular, mas também gostaríamos da sua ajuda. A maior parte dos nossos novos negócios vem de indicações. Isto permite que, em vez de pagar por publicidade para atrair novos clientes, possamos repassar essa economia diretamente ao seu bolso. Em geral, cada novo cliente nos dá três referências. Quando terminamos nosso trabalho e você estiver 100% satisfeito com o serviço que prestamos, ficaríamos muito felizes se você puder pensar em três ou mais pessoas que nós também poderíamos ajudar.

Uma vez mais, analisando, aqui nós:

- Informamos ao cliente que ele vai obter um excelente resultado.
- Mostramos a ele um benefício direto que ele vai receber, ou já está recebendo, por nos indicar.
- Criamos uma expectativa de certo número de indicações (sem sermos insistentes demais), para que ele possa começar a pensar com antecedência em quem se encaixaria.
- Deixamos na mão dele o poder, ao dizer que o indicado por ele receberá de nós um excelente serviço.

Contar com a boa vontade alheia não é o que eu chamaria de empreendedorismo. Ao aumentar a confiabilidade do marketing boca a boca, você reassume o controle do seu fluxo de *leads* e constrói uma base sólida para um rápido crescimento da empresa.

Como conquistar o "Efeito Testemunha"

Pedir referências é uma coisa, mas o jeito de pedir pode ter um forte impacto na qualidade das indicações que você recebe e a probabilidade de recebê-las com frequência.

O "Efeito Testemunha" é um fenômeno que ocorre quando uma multidão se reúne em volta de uma emergência ou uma situação tensa qualquer em andamento, basicamente assistindo a ela como a um jogo de futebol.

Todos na multidão pressupõem que uma terceira pessoa vai intervir, ajudar ou contatar os serviços de emergência. Isso acaba aumentando a gravidade do incidente, pelo fato de ninguém tomar a iniciativa de auxiliar.

Como pode uma pessoa honrada testemunhar outras em dificuldade e não fazer nada para ajudar? O fato é que provavelmente você já fez isso alguma vez, até certo ponto. Você já reduziu a velocidade ao passar por um acidente de carro na estrada, para ver o que estava acontecendo, mas então seguiu adiante, supondo que outra pessoa já estaria socorrendo os envolvidos? Esse é o Efeito Testemunha em ação. Ele ocorre por falta de responsabilização pessoal. Você não está envolvido no acidente de forma direta, o que torna essa responsabilidade difusa.

Já comparei a encontros e eventos de negócios para networking, em que os participantes se levantam e dizem coisas como: "Se souber de alguém que precisa do serviço X, é só me indicar." Aí, o encanador se levanta e diz: "Se souber de alguém que precisa de um encanador de qualidade, é só me indicar." Então, o cara de TI se levanta e diz: "Se souber de alguém que precisa de um *upgrade* no sistema de informática, é só me indicar." E quem é esse "alguém"? Esse alguém é *outro* alguém. É claro que é o ingrediente perfeito para o Efeito Testemunha aplicado às indicações. Todo mundo fica achando que outra pessoa vai atender o pedido de indicação. A consequência é que nossos amigos encanador e técnico de TI acabam sem indicações.

Em treinamentos de primeiros socorros, você aprende a dar instruções a pessoas específicas na multidão. Você aprende a não pedir que "alguém chame uma ambulância" ou que "alguém arrume um cobertor". Como já concluímos, "alguém" é outro alguém. Em vez disso, você aprende a fazer contato visual, apontar para uma pessoa específica e dar a ela instruções específicas. Você aponta diretamente para aquele homem de boné verde e fala: "Você, chame uma ambulância." Aponta para aquela mulher de macacão amarelo e diz: "Você, traga um cobertor."

Assim, você tem pessoas específicas com tarefas específicas a cumprir. Um senso de responsabilidade pessoal toma conta e a probabilidade de que essas tarefas sejam executadas cresce de forma exponencial.

Isso também vale para as indicações. Você precisa ser muito específico nos seus pedidos de indicações; isso aumenta muito a probabilidade de que elas ocorram.

Para entender melhor a mecânica de como acontecem indicações, primeiro precisamos compreender que todas as indicações ocorrem por meio de uma conversa entre duas ou mais pessoas. Quando essas conversas acontecem, são necessárias três coisas para que alguém indique você:

1. A pessoa tem que se dar conta de que a conversa é sobre aquilo que você faz.
2. A pessoa tem que pensar em você.
3. A pessoa tem que mencionar você na conversa e, por fim, indicá-lo a quem está falando.

Então, por exemplo, caso você seja um planejador financeiro, não faça um pedido de indicação vago e tíbio como: "Se souber de alguém que esteja precisando falar com um planejador financeiro, por favor, me indique."

Primeiro, ninguém nunca precisa de um planejador financeiro; precisa de uma solução para um problema específico, que um planejador financeiro, aí sim, poderá resolver para ele. Por exemplo, quem se aproxima da idade da aposentadoria quer se certificar de que dispõe de renda suficiente para viver com conforto depois que parar de trabalhar. Portanto, você parte do problema específico que aquele possível prospecto tem e que você pode resolver.

Em seguida, você precisa pensar em quem pode indicá-lo. Para isso, você começa a esquadrinhar seu banco de dados de clientes e percebe que nele figuram vários corretores imobiliários. É natural supor que uma pessoa próxima da aposentadoria esteja pensando em morar em um lugar menor. Os filhos cresceram, foram estudar fora, saíram de casa. Por isso, a casa ficou muito grande, com um custo de manutenção alto. A pessoa pode estar pensando em vendê-la e procurar algo um pouco menor para comprar, mais barato de cuidar.

Por fim, pode ser que tenha ocorrido algum evento local ou nacional que leve pessoas em idade de se aposentar, ou perto dela, a parar de trabalhar ou cogitar se aposentar. Pode ser que uma multinacional tenha fechado sua sede local ou o governo tenha feito uma reforma que afeta as pensões.

Agora, sim, você pode ser muito mais específico. Pode enviar um e-mail aos seis clientes que são corretores imobiliários, dizendo algo assim:

Olá, Bob,

Se você souber de alguém que quer comprar ou vender uma propriedade ou que está perto da aposentadoria e perdeu o emprego há pouco tempo, eu tenho algo a propor que, acho, seria de grande valia. Preparei um relatório especial, intitulado "As 7 chaves para valorizar sua indenização e garantir uma aposentadoria maior". Se você souber de alguém que tiraria proveito disso, por favor me ligue ou mande uma mensagem, que eu envio uma cópia do relatório para você encaminhar.

Deu para entender o que está sendo feito aqui? Primeiro, você é bem específico tanto com a pessoa a quem está pedindo indicação quanto com a indicação que quer receber. Segundo, você está enquadrando a situação que levaria uma pessoa a precisar dos seus serviços.

Terceiro, você não está pedindo uma indicação "do nada", em que o indicador tem que convencer o cliente dele a ligar para você ou lhe dar o contato desse cliente. O motivo para não fazer isso é que você ainda não tem uma relação de confiança com o prospecto. Pode ser que ele ainda nem esteja pronto para falar com alguém.

Por fim, você montou a situação de modo que o indicador — no caso, o corretor imobiliário — saia bem na foto. Ele vai proporcionar valor ao cliente dele e ajudá-lo a resolver um problema que muito provavelmente está na mente dele.

Viu como aqui a indicação é **induzida**, e não aguardada passivamente?

Se você levar a sério a geração de indicações, examine de forma sistemática o seu banco de dados de atuais clientes e crie um perfil de indicações para cada grande grupo ou categoria. Quem eles conhecem? Quais gatilhos podem levá-lo a lembrar-se de você? Como você poderia ajudar a agregar valor para a pessoa que você quer que ele indique?

Depois que você começar a responder essas perguntas e criar perfis de indicações, você poderá tornar o marketing de indicações uma fonte sistemática e proativa de novos *leads*, em vez de algo passivo que você espera que ocorra de vez em quando.

Quem pegou seus clientes antes de você?

Como empresários, nem sempre nos enxergamos sob o prisma mais abrangente do comportamento de consumo do cliente. Tudo o que vemos é a interação dele conosco, e nos promovemos para que o número dessas interações seja cada vez maior.

Não há nada de errado nisso, é claro. Porém, quando começamos a analisar de maneira mais ampla, começamos a desencavar lucros anteriormente ocultos. É como encontrar uma nota de 100 no bolso de uma calça que você não usa há muito tempo, só que em uma escala muito maior e mais lucrativa!

A transação do cliente com você será uma de várias que ele fará naquele dia.

Antes de fazer negócio com você, ele fez com outra pessoa, e depois fará com outra.

Essas transações podem ou não ter relação entre si, mas uma coisa é certa: alguém pegou seu cliente antes de você, e muito provavelmente esse alguém gastou bastante dinheiro com vendas e marketing para adquiri-lo.

Conhecer outros negócios complementares, com os quais seu cliente trata antes de tratar com você, ajuda a descobrir lucros inexplorados para o seu negócio. Fechar um acordo de *joint-venture* (JV) com uma ou mais empresas que não sejam concorrentes diretos pode ser uma fonte barata ou gratuita de *leads*.

Caso você seja advogado, um escritório de contabilidade representa uma ótima fonte de *leads*. Se você possuir uma concessionária de automóveis, um mecânico pode ser sua fonte de *leads*. Se você vende ração animal, um veterinário pode ser sua fonte de novos clientes.

Embora possa parecer óbvio, isto raramente é feito e, mais raramente ainda, bem-feito.

Realizar um acordo de JV pode ser delicado. O caminho mais óbvio e direto é pagar uma comissão pela intermediação ou uma comissão por *leads* e vendas realizadas.

Alguns empresários, porém, nem sempre se sentem à vontade recebendo dinheiro por indicações feitas a você. Em alguns setores, isso pode até ser ilegal. Embora seja uma boa ideia pagar por *leads* "quentes" de clientes conhecidos, existem outras formas menos diretas que funcionam do mesmo jeito, ou até melhor.

Uma excelente estratégia é ter um vale-presente ou *voucher* para seus produtos ou serviços. Digamos, por exemplo, que você é dono da Pet Shop Pablo, um varejista de ração animal. Você pode fazer um acordo com um veterinário da região. Descubra que tipo de ração esse veterinário recomenda aos clientes e ofereça um vale-presente que ele possa dar.

O mais interessante em tudo isso é que só se pratica a boa vontade, sem pressão para vender e sem conflito de interesse. O veterinário diria algo como: "Eu recomendo a ração canina XYZ. É bem fácil de achar em qualquer pet shop, mas, como você é um cliente fiel, aqui está um voucher de 50 reais para você resgatar na Pet Shop Pablo, que fica bem aqui na rua. Eles sempre têm um bom estoque dessa ração."

É uma situação em que todo mundo ganha. O veterinário ganha a boa vontade do cliente, porque na prática está presenteando-o com

50 reais. O cliente recebe um desconto inesperado. Você, como dono da Pet Shop Pablo, adquire um cliente novo, com enorme potencial de valor de tempo de vida, em troca de um vale com valor de face de 50 reais (e custo real muito menor). E boa parte da imagem positiva do veterinário perante o cliente também se transfere para você.

Dito isso, é verdade que nem todo cliente resgata o vale-presente, mas a esmagadora maioria, sim. Ao desperdiçar algo que tem valor pecuniário associado, a sensação de estar jogando dinheiro fora é forte demais. Digamos que você, num cálculo conservador, estime que o valor de tempo de vida do novo cliente na sua pet shop é de 5 mil reais.

Você abriu mão de uma parte do lucro de uma venda que você nunca teria feito. Genial!

Vendo a coisa pelo outro lado, é preciso analisar quem tem ou deseja os mesmos clientes que você, depois de atendê-los. Essa pode ser uma ótima fonte de renda secundária, aumentando ao mesmo tempo o valor do que você oferece ao cliente final. Eis alguns métodos para monetizar dessa forma sua base de clientes atuais:

- **Venda de *leads*:** É muito provável que exista alguém em um tipo de negócio complementar, mas não concorrente, que estaria disposto a pagar generosamente por *leads* qualificados e "quentes". Um porém, neste caso, é que é preciso certificar-se de ter a permissão expressa do cliente para encaminhar o contato dele.
- **Troca de *leads*:** Caso você não queira, ou não seja apropriado aceitar pagamento por *leads*, você pode engendrar um programa de intercâmbio de *leads* com alguém em um negócio complementar. Eles lhe enviam os clientes deles, e você, os seus. Uma vez mais, aplica-se o porém relativo à venda de *leads*. Mas lembre-se: nunca dê detalhes confidenciais de seus clientes sem a permissão deles.
- **Revenda de produtos e serviços complementares:** Você pode comprar produtos e serviços complementares, por atacado ou com "marca branca", e revendê-los à sua base de clientes. A vantagem desse modelo é que você retém o controle total do relacionamento, sem nunca entregar os detalhes do cliente a terceiros.

- **Tornar-se um parceiro de indicações:** Este modelo é semelhante ao da venda de *leads*, só que, em vez de ser pago por *lead*, você recebe uma comissão pelas vendas feitas ao terceiro que você indicou. Pode ser algo bastante lucrativo, sobretudo em situações em que você acerta uma comissão permanente em todas as vendas futuras. Indique uma vez e seja pago para sempre (ou pelo menos por bastante tempo). Muita gente em setores como seguros, telecomunicações e finanças, montaram negócios altamente lucrativos com base nesse modelo.

Verifique quem atende seus clientes antes e depois de você e descubra formas de criar valor nos dois sentidos. Pode se tornar uma fonte importante de novos clientes e novas receitas para o seu negócio.

Como construir sua marca

Existe muita confusão, sobretudo nas pequenas empresas, em relação ao que é uma marca. Uma busca na internet rende respostas extremamente distintas:

- É o relacionamento psicológico e emocional que você tem com os clientes.
- É um tipo de produto fabricado por uma empresa específica, com um nome específico.
- É o nome, termo, design, símbolo ou alguma outra característica que identifica o produto de um vendedor e o distingue do de outros.
- É a ideia ou imagem de um produto ou serviço específico com o qual o consumidor se relaciona, ao identificar o nome, o logo, o slogan ou o design da empresa que detém a ideia ou imagem.

Todas essas respostas são apenas parciais. Eu gosto de eliminar todo o frufru e manter as coisas simples. Então, eis minha definição: a marca é a personalidade da empresa. Na verdade, você pode usar a conhecidíssima palavra "personalidade" como substituto direto de "marca". Isso esclarece o sentido de forma instantânea.

Pense na sua empresa como uma pessoa. Quais características compõem a personalidade dela?

- Qual é o seu nome?
- O que ela veste (isto é, o design)?
- Como ela se comunica (isto é, o posicionamento)?
- Quais são seus valores principais e o que ela defende (isto é, a promessa da marca)?
- A quem ela está associada (isto é, o público-alvo)?
- Ela é conhecida (isto é, notoriedade da marca)?

Essa personalidade varia drasticamente de uma empresa para a outra. A Toyota e a Jaguar produzem, do ponto de vista funcional, o mesmo produto, mas as respostas para as perguntas são muito distintas.

Algumas pequenas empresas olham para as chamativas campanhas publicitárias de algumas marcas conhecidas, como Apple, Coca-Cola, entre outras, e ficam pensando que também precisam gastar tempo, dinheiro e esforço construindo a "notoriedade da marca". Isto é colocar a carroça antes dos bois. Permita-me fazer uma pergunta simples. O que vem primeiro: a venda ou a notoriedade da marca? A venda, é claro. É verdade que, à medida que uma empresa cresce, a notoriedade da marca alimenta, sim, as vendas. Porém, não olhe para o que as grandes empresas estão fazendo agora. Olhe, antes de tudo, o que elas fizeram para se tornar grandes. Quando elas eram pequenas, com certeza não gastavam enormes quantias em anúncios espalhafatosos e notoriedade da marca. Elas batalhavam, fechavam negócios e vendiam seus produtos. Se a Apple e a Coca-Cola não tivessem se concentrado primordialmente nas vendas, não existiriam hoje e com certeza não teriam tanta notoriedade.

É por isso que digo aos pequenos empresários que a melhor forma de construir uma marca é vendendo. Se a marca é a personalidade de uma empresa, qual a melhor maneira de alguém compreender essa personalidade, senão comprando de você?

Como discutimos no início deste livro, tentar imitar as práticas de marketing de grandes empresas é um erro grave.

Afinal, *branding* é algo que se faz **depois** que alguém comprou de você, e não algo que você faz para levar esse alguém a comprar. Da mesma forma que você só tem uma noção da personalidade de uma pessoa depois de lidar com ela, isso também ocorre com a personalidade da sua empresa ou marca.

O valor de uma marca é a boa imagem que você constrói e leva as pessoas a fazer negócio com você, e não com o seu concorrente. Certa vez ouvi uma descrição do valor de uma marca como clientes atravessando a rua para comprar de você, mesmo tendo, no lado da calçada em que estão, um fornecedor de um produto equivalente.

O valor da sua marca é o que faz o cliente "atravessar a rua", em sentido figurado ou literal, para comprar de você. Isto pode se manifestar sob a forma de fidelidade do cliente, de vendas constantes ou até de um preço maior que você poderá cobrar por seu produto ou serviço. Também é, o que é importante, a chave para estimular o ciclo virtuoso das indicações.

A meu ver, nada ilustra isso melhor do que ver filas de pessoas querendo o lançamento mais recente da Apple, seja ele qual for, enquanto concorrentes cheios de estoque e sem filas recebem uma demanda muito menor. Esse tipo de valor da marca vem simplesmente das experiências fantásticas dos clientes no passado, o que os transforma em fãs apaixonados. Isso é algo que não pode ser comprado com campanhas de "notoriedade da marca" cheias de alarde. Ninguém na Apple precisa pedir a você que indique os amigos. Você indica por causa do incrível valor da marca que ela construiu.

Como pequeno empresário, sua maior esperança de replicar isso é focar nas vendas e, em seguida, transformar seus clientes em uma tribo de fãs apaixonados. É o conselho que dou a qualquer pequena ou média empresa que aspira a trabalhar o seu *branding*.

Tarefa do Capítulo 9:

Como você vai induzir e estimular indicações?

Preencha o quadrado número 9 do seu formulário do Plano de Marketing de 1 Página.

Conclusão

Um panorama de tudo que abordamos

Cobrimos um imenso território em nossa jornada ao longo dos nove quadradinhos que compõem o Plano de Marketing de 1 Página. A esta altura, é útil recuar um pouco e visualizar de modo mais amplo o ciclo de vida do marketing de resposta direta.

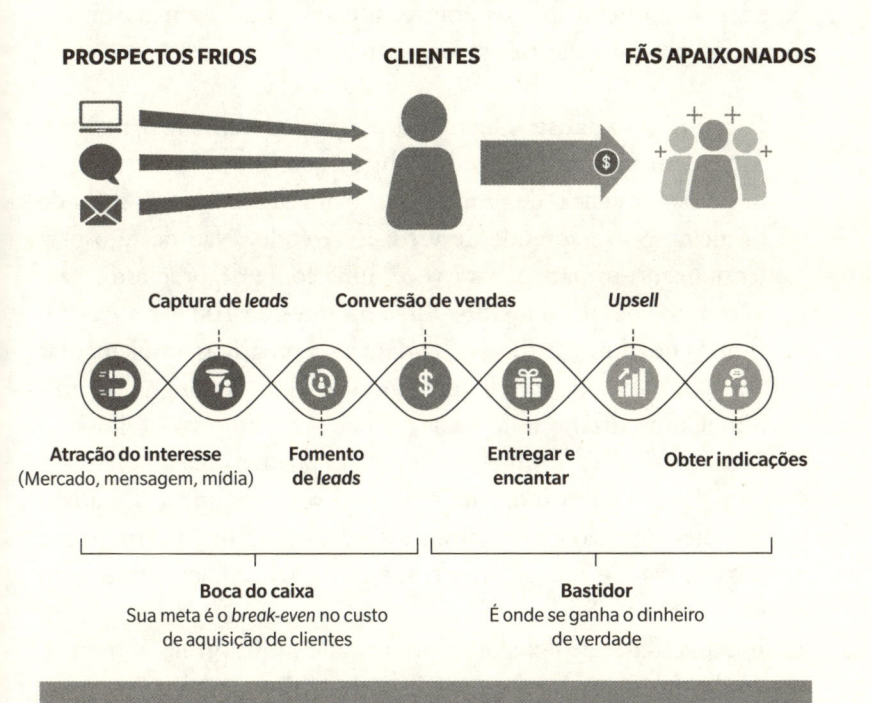

PROSPECTOS FRIOS → **CLIENTES** → **FÃS APAIXONADOS**

Captura de *leads* — **Conversão de vendas** — ***Upsell***

Atração do interesse
(Mercado, mensagem, mídia)

Fomento de *leads*

Entregar e encantar

Obter indicações

Boca do caixa
Sua meta é o *break-even* no custo de aquisição de clientes

Bastidor
É onde se ganha o dinheiro de verdade

Para baixar sua cópia do Ciclo de Vida do Marketing de Resposta Direta (em inglês), visite 1pmp.com

Isto, junto com sua implementação pessoal do Plano de Marketing de 1 Página, vai dar uma base sólida para o sucesso do marketing da sua empresa.

Como mencionei nos agradecimentos, pouquíssimas, talvez nenhuma, das ideias deste livro são ideias originais minhas. Na maioria, são estratégias, táticas e conceitos comprovados extraídos de décadas de testes e medições feitas por mestres do marketing de resposta direta. No entanto, o Plano de Marketing de 1 Página é uma revolução no modo de **implementação**. Ele foi projetado para simplificar drasticamente a compreensão do marketing de resposta direta e acelerar a implementação no seu negócio. Lembre-se: a implementação é tudo. E aqui, eu reitero: **saber e não fazer é o mesmo que não saber**. Para dar certo, é preciso errar, se arriscar a fazer papel de bobo e investir em você e na sua empresa. Na minha experiência, concluí que os empreendedores fracassam na implementação por uma das três razões seguintes:

1. **Paralisia da análise:** Querem o tempo todo aprender mais ou se perdem na busca do "novo objeto que brilha", na esperança de acertar em cheio de primeira. Você nunca acertará em cheio de primeira. Só se aprende de verdade fazendo. Não deixe o perfeccionismo tornar-se, para você, uma fonte de procrastinação. Lembre-se de que **é melhor 80% na rua que 100% na gaveta**. Empreendedores de sucesso tendem a ser proativos, implementar as coisas rapidamente e ir corrigindo as falhas ao longo do caminho. Como dizia um de meus primeiros mentores: "O dinheiro ama a velocidade." A melhor hora para plantar uma árvore é ontem. A segunda melhor é hoje. Se você vem adiando a criação ou a implementação de um sistema de marketing na sua empresa, é hora de plantar essa árvore e começar já, para colher os frutos do seu esforço no futuro.
2. **Incapacidade de delegar:** Como citado no Capítulo 5, o mundo dos negócios é um esporte coletivo. Não conheço empreendedor bem-sucedido que não tenha uma equipe por trás. O dia só tem 24 horas, por isso a única forma de realizar mais em um dia é usando o tempo alheio. Ainda mais importante do que o

tempo alheio, é a expertise alheia. Ela pode reduzir seu tempo de aprendizado em anos, na comparação com a tentativa e erro. O que você desconhece **vai** lhe fazer mal. Contratar expertise economiza tempo e dinheiro e evita muitas dores de cabeça. Conseguir fazer pessoas autônomas, e às vezes complicadas, andarem juntas na mesma direção, trabalhando em nome da sua causa, é uma competência que você deve dominar. É o que o grande e saudoso Jim Rohn chamava de "pastorear gatos", e nada vale mais a pena do que dominar essa habilidade.

3. **"Minha empresa é diferente":** Praticamente todo problema imaginável que você já encontrou ou vai encontrar já foi resolvido por alguém em algum momento e muitas das soluções estão bem aqui, neste livro. Muitos empresários pensam equivocadamente "minha empresa é diferente, comigo isso não vai funcionar" ou "meus clientes são diferentes, eles nunca reagiriam assim". As estratégias e táticas deste livro foram testadas e comprovadas, ao longo de várias décadas. Funcionaram em quase todo setor e tipo de negócio que você puder conceber, do comércio à consultoria, passando pela assistência médica e muito, muito mais. A razão pela qual sempre funcionou, em vários tipos de empresas, é que você lida com seres humanos, que são um amontoado de emoções. Isso não muda com o tempo nem varia entre os setores econômicos. As pessoas se comportam de forma incrivelmente previsível, e é por isso que eu sei que estes princípios de marketing de resposta direta **vão** funcionar na sua empresa. Não ajuda em nada tentar descobrir por que eles não vão dar certo para você. É muito melhor gastar energia tentando descobrir como fazer bom uso deles.

Tempo não é dinheiro

Como empreendedores, somos pagos apenas se agregarmos valor ao mercado, e não por nosso tempo. Evidentemente, entregar valor leva tempo, mas somos pagos apenas pelo valor em si. Se entregarmos um valor muito grande no mercado, seremos muito bem remunerados. Se fracassarmos, assumimos o prejuízo. É um risco que a maioria das pessoas não está disposta a correr. A maioria quer ser paga pelo tempo: trabalhar uma hora, receber por uma hora. Essas pessoas querem evitar o prejuízo a todo custo. Para elas, ganhar dinheiro é legal, mas o verdadeiro objetivo é evitar o sofrimento. Não há nenhum problema nisso, mas são mentalidades inteiramente opostas. Simplificando, os empreendedores trabalham na **economia de resultados**, enquanto a maioria das outras pessoas trabalha na **economia de tempo e de suor**.

O dinheiro que ganhamos como empresários é um efeito colateral automático da criação de valor. Quando nosso foco é agregar valor ao mercado, isso nos impede de cometer todo tipo de erro estúpido. Trataremos o cliente com o longo prazo em mente, em vez de sermos imediatistas tentando ganhar um dinheirinho fácil. Os produtos que criarmos ou os serviços que prestarmos não serão meia-boca. Focar na causa (o valor) e não no efeito (ganhar dinheiro) levará a um sucesso de longo prazo muito maior.

A maior parte deste livro concentrou-se na aquisição, na retenção e na satisfação dos clientes através de um marketing eficiente. Essas são as tarefas que geram mais valor em sua empresa, ensejando um crescimento rápido. Quase todo o resto é secundário.

Quanto mais gerarmos valor adquirindo, retendo e satisfazendo um consumidor, mais bem remunerados seremos. Infelizmente, muitos donos de empresas se distraem "brincando de empresário". Brincar de empresário é quando você realiza atividades periféricas, que não geram muito valor efetivo. Entre os exemplos de "brincar de empresário", estão coisas como ficar checando o e-mail o tempo todo ou fazer reuniões intermináveis e sem sentido, sem agenda ou sem objetivo.

Em vez de brincar de empresário, você tem que **ser** empresário. Vencer nos negócios exige que se tenha um foco incessante nas atividades que entregam valor. Você precisa travar uma batalha diária com as distrações, as interrupções e as procrastinações. Se você se deixar afastar do trabalho de gerar valor — ou seja, a aquisição, a retenção e a satisfação do cliente —, sua empresa vai sofrer e pode até falir. Sempre haverá algo mais divertido ou aparentemente urgente para fazer.

Buscamos álibis para brincar de empresário, mas na verdade são poucas as atividades geradoras de valor que você precisa executar diariamente. O marketing é uma das principais. É importante ter em mente que o marketing não é um evento, mas um processo. É algo que você faz todos os dias para aumentar maciçamente o valor do seu negócio e entregar maciçamente valor para os seus clientes.

Sua visão em relação ao tempo afeta tudo o que você faz no seu negócio. Para um empreendedor, tempo **não** é dinheiro. Valor é dinheiro. Tempo é apenas um dos insumos necessários para entregar valor ao mercado. Faça do marketing um processo diário. Crie seu próprio Plano de Marketing de 1 Página e, o mais importante, **implemente-o**. Todos os dias, gaste algum tempo **fazendo** negócios e gerando valor.

Porcos de batom

Uma enorme parcela do seu sucesso depende do veículo escolhido. Algumas empresas são como uma Ferrari, em que acrescentar marketing só acelera o sucesso, enquanto outras são calhambeques caindo aos pedaços, em que acrescentar marketing é como passar batom em um porco.

Numa época em que as novas tecnologias causam rupturas em setores econômicos existentes há décadas ou séculos, é importantíssimo sempre avaliar se sua empresa ou setor está na fase de ascensão ou declínio. As vacas gordas não duram para sempre. Veja o caso das livrarias físicas, das lojas de discos ou dos tradicionais gigantes da imprensa.

Por volta de 1900 havia 100 mil cavalos em Nova York. Londres, em 1900, contava com 11 mil carruagens de aluguel. Também havia milhares de ônibus, que exigiam doze cavalos por dia cada um, num total de mais de 50 mil cavalos. Além disso, havia incontáveis carroças e carretas, todas trabalhando o tempo todo para entregar os bens de que necessitava a população em rápido crescimento nessas cidades. Todo o transporte, de bens ou de pessoas, era feito por cavalos.

Se você tivesse um negócio relacionado a esses animais, seu negócio estava em plena expansão: tudo, da limpeza de grandes quantidades de estrume à alimentação e ao abrigo de uma população cada vez maior de cavalos.

Avance alguns poucos anos, até o advento da eletrificação e o surgimento do motor de combustão interna. Isso proporcionou novas formas de transportar pessoas e bens. Em 1912, o número de carros suplantou o de cavalos em Nova York, e em 1917 o último bonde puxado por cavalos fez sua viagem final.

Portanto, em doze anos, seu negócio foi do topo do mundo para menos da metade da receita. Mais cinco anos, e você estava falido e todo o seu conhecimento, seus relacionamentos no setor e suas competências estavam totalmente obsoletos. Pode ser fatal deixar de antecipar como as mudanças tecnológicas afetam sua empresa ou setor e deixar de tomar as medidas adequadas para evitar isso.

A Kodak inventou a fotografia digital, e, apesar disso, não pôde ou não usou sua liderança inicial em proveito próprio. Ou seja, ela deixou os concorrentes fazerem a festa. A livraria Borders acabou aderindo aos e-books, mas fez muito pouco e muito tarde, e também pagou o pato.

Quando o sujeito que tinha uma empresa próspera de cavalos no início do século XX começou a ver aqueles bondes elétricos esquisitos aparecerem, deve ter achado graça e pensado que aquela nova forma de transporte era apenas uma moda passageira. Afinal, os cavalos eram usados havia milhares de anos como meio de transporte.

Alguns anos depois, à medida que uma parte cada vez maior de sua receita era engolida pela nova tecnologia, ele deve ter começado a sentir saudade dos velhos tempos, quando as coisas andavam bem. Pode ter ficado com raiva da situação e esperado uma intervenção do governo. Você vê algo parecido acontecendo hoje?

Diversos setores, entre eles a indústria, a imprensa e o varejo físico, estão ou em crise ou à beira de uma. A globalização, a internet e as novas tecnologias estão fazendo mal a eles, e muito. Eles espernejam e reclamam do estado das coisas, pressionando por uma intervenção do governo, na esperança de que os velhos tempos voltem quanto antes. Mas a verdade é que os velhos tempos não vão voltar — pelo menos não para eles.

Por que eles simplesmente não abraçam as novas tecnologias e embarcam nelas? Alguns até vão, mas a maioria não. Essa maioria têm a mesma mentalidade do peru.

Nassim Taleb, autor do best-seller *Cisne negro*, conta a história do peru que se acostuma a esperar que cada visita do fazendeiro represente mais comida boa. Como sempre foi assim, o peru acaba supondo que é e sempre será. Na verdade, no milésimo dia ele chega ao auge da autoconfiança. Afinal, ele pode basear essa confiança em um histórico de mil dias. Diante de tal retrospecto, o que poderia dar errado? Mas aí chega o dia 1.001. É a antevéspera do Dia de Ação de Graças e, quando o fazendeiro aparece, desta vez não está trazendo comida, e sim um machado recém-afiado. O peru logo compreende que suas expectativas estavam catastroficamente equivocadas: que os bons, velhos tempos não iam durar para sempre. E agora o Sr. Peru está morto.

Não seja um peru e não administre sua empresa como um. Antigamente, quase todo o valor de uma empresa estava em seus ativos físicos. Coisas como imóveis, fábricas e equipamentos, estoque e infraestrutura de distribuição. Hoje, quase todo o valor de uma empresa reside na capacidade de atrair visualizações e na base de clientes que conquistou.

Veja o que está acontecendo agora e o papel central desempenhado pela aquisição de clientes através de um marketing eficiente:

- A Uber, a maior empresa de táxis do mundo, não possui nenhum veículo.
- O Facebook, a proprietária de mídia mais popular do mundo, não é dona de nenhum conteúdo.
- O Alibaba, mais valioso varejista, não possui estoque.
- O AirBNB, maior provedor de hospedagem do mundo, não tem imóveis.

Só essas quatro empresas valem centenas de bilhões de dólares.

Sua vantagem competitiva final é antecipar mudanças e agir de acordo. Isso exige coragem e estômago; você vai ter que correr riscos e investir em pesquisa e novas tecnologias. Terá que estar o tempo todo refletindo sobre perguntas como:

- Em que setor eu preciso estar?

- Que tecnologias estão por vir e podem causar ruptura no meu setor?
- Como eu posso tirar partido das mudanças tecnológicas vindouras, em vez de me opor a elas?

Não abra mão de inovação estratégica constante — inovação relevante para os seus clientes.

Projetos *skunkworks*, de desenvolvimento avançado, são a melhor forma de se manter atualizado em relação às tecnologias emergentes, sem deixar de tocar suas operações atuais. Um exemplo famoso de projeto *skunkwork* foi o primeiro computador Macintosh, da Apple. O Google chegou a tornar os projetos *skunkwork* parte da cultura da empresa, reservando 20% do tempo dos funcionários para projetos paralelos de interesse deles. Produtos de enorme sucesso do Google, como o Gmail, o AdSense e o Google News, surgiram desses projetos *skunkwork*.

Quais recursos você tem investido em tendências e tecnologias emergentes no seu setor?

Está chegando o 1.001º dia para a sua empresa e o seu setor, e se você não estiver a postos com um novo plano, seu negócio pode muito bem ter o mesmo destino do peru.

Ter uma cultura de inovação, antecipando o que está por vir no seu setor e executando alguns projetos *skunkwork* na sua empresa, vai lhe proporcionar uma enorme vantagem competitiva.

Sua transição de dono de empresa a profissional de marketing

A famosa definição que Einstein deu para "insanidade" — "fazer a mesma coisa o tempo todo e esperar resultados diferentes" — é bastante conhecida, mas raramente levada em conta.

No começo de cada ano, as pessoas fazem resoluções. Entre as mais comuns estão perder peso, parar de fumar e se livrar das dívidas. A esperança é que as coisas melhorem magicamente quando o relógio bater meia-noite no dia 31 de dezembro. Quando chega a segunda ou a terceira semana do novo ano, as resoluções já são uma lembrança distante, e as pessoas voltam à rotina, aos antigos hábitos e à luta do cotidiano.

As resoluções são primas bem próximas dos desejos: nada além de metas sem qualquer planejamento ou ação. O mais provável é que, caso nada mude na sua rotina normal, nada mude em sua vida pessoal ou profissional.

Uma das características comuns às empresas de crescimento elevado é que elas têm um foco considerável no marketing. Elas fizeram do marketing uma rotina na empresa e estão sempre executando o plano de marketing.

De modo inverso, as empresas em dificuldade ou fracassadas ou ignoram totalmente o marketing ou realizam ações aleatórias, sem planejamento e sem estrutura. Ensaiam táticas ao acaso, uma ou duas vezes, e desistem diante da falta de êxito imediato. Isso não é planejamento de marketing: é a receita para o desastre.

Outras, equivocadamente, acreditam que possuir um ótimo produto ou serviço é o suficiente para "espalhar a notícia". O cemitério dos falidos está cheio de empresas que tinham excelentes produtos ou serviços. Na maior parte, elas faliram porque seus gestores não deram atenção suficiente ao marketing. Lembre-se: **ninguém sabe quanto seus produtos ou serviços são bons enquanto a venda não ocorre. Antes de comprar, só se pode saber se o seu marketing é bom.** Simplificando: **quem faz o melhor marketing sempre ganha**.

Se você leva a sério o sucesso profissional, agora é a hora de tomar uma atitude decisiva. É hora de resolver tornar-se um ótimo profissional de marketing e deixar de ser empresário para se tornar um profissional de marketing que é dono de um negócio. Depois que você fizer essa empolgante transformação, você e sua empresa nunca mais serão os mesmos.

Creio que este livro representa um grande avanço na implementação do marketing porque facilita muito a criação e a implementação do seu próprio plano. Isso pode ajudar ou acelerar a sua jornada de empresário a profissional de marketing.

O marketing é a competência mais importante em uma empresa. Ele ajudará você a transformar seu atual negócio em sucesso e, mais importante, a tornar outras empresas suas no futuro a terem sucesso.

Ao longo deste livro, você recebeu algumas informações extremamente valiosas. São as que a maioria dos seus concorrentes nunca conhecerá ou buscará. Isso o coloca em enorme vantagem... se você agir. Convoco você a tomar uma atitude. Como foi dito no começo deste livro, **saber e não fazer é o mesmo que não saber**. Se você continuar fazendo a mesma coisa que sempre fez, vai continuar obtendo os mesmos resultados que sempre obteve.

Montar uma empresa bem-sucedida permite que você assuma as rédeas da sua vida. Você merece o sucesso profissional, e você PODE alcançá-lo. Convido você a essa jornada de criação de uma empresa extraordinária e a viver a vida que você sempre sonhou.